Ueber
den Ursprung des Berg-Regals
in
Deutschland.

Von

Dr. C. J. B. Karsten,

ordentlichem Mitgliede der Königlichen Akademie der Wissenschaften
zu Berlin.

Vorgelesen in den Sitzungen der K. Akademie am 28. März
und 18. April 1844.

Berlin,
Druck und Verlag von G. Reimer.
1844.

Nach den Grundsätzen des heutigen deutschen Staatsrechts gehören alle Mineralien, welche das Gesetz nicht ausdrücklich der freien Disposition des Grundbesitzers überläßt, zu den Gegenständen, welche den landesherrlichen Hoheitsrechten unterworfen sind. Zufolge der Regalität des Bergbaues werden daher die durch das Gesetz nicht ausgenommenen Mineralien als ein Eigenthum des Staats betrachtet. Nutzbar wird das Regal, bei einem frei erklärten Bergbau, dadurch gemacht, daß das Mineral, ohne daß der Grundbesitzer einen Widerspruch erheben darf, von Jedem aufgesucht werden kann, der die Erlaubniß darnach zu schürfen bei der dazu bestimmten Behörde nachgesucht und erhalten hat, so wie dadurch, daß dem ersten Finder, oder Demjenigen, welcher das Vorhandensein des unbekannten Minerals nachweiset, dasselbe innerhalb gewisser Gränzen, ohne Rücksicht auf den Besitzstand der Oberfläche und unter dem im Gesetz ausgesprochenen Vorbehalt, zur Gewinnung überlassen wird. Die Rechte, welche dem Staate, nach der Zutheilung des Eigenthums gesetzlich vorbehalten bleiben, sind vorzugsweise: die technische und ökonomische Verwaltung des bergmännischen Eigenthums durch die vom Staat dazu ernannte Behörde (ein Vorbehalt, welcher in der österreichischen Monarchie durch das Patent vom 29sten December 1781 und durch das Hofdecret vom 3ten August 1792 aufgehoben ist), ferner die Erhebung von Abgaben oder von Bergwerkssteuern, und der Rückfall des Eigenthums an den Staat, wenn die Gruben nicht, oder wenn sie nicht bergordnungsmäßig betrieben, und wenn die zum Grubenbetriebe erforderlichen Zuschüsse nicht gezahlt werden. Zufolge der geltend gewordenen Regalität des Bergbaues ist der Landesherr befugt, die Freierklärung desselben in seinem Lande nach Belieben ganz, oder für gewisse Districte aufzuheben, im Fall er selbst für Rechnung des Staats Bergbau treiben, oder irgend einer Person das Bergregal in diesem District, in einem größeren oder geringeren Umfange übertragen, oder aus irgend einem Grunde, z. B. um die Gruben in einem gewissen District nicht zu sehr anzuhäufen, das Aufsuchen der Mineralien für einen gewissen Zeitraum nicht zulassen will.

Die Frage: wann und durch welches Ereigniß jene Trennung des unterirdischen Eigenthums von dem der Oberfläche herbeigeführt worden ist, hat die Lehrer des Staatsrechts um so mehr beschäftigt, als sich im römischen Staat kein Beispiel von einer solchen Trennung findet und das römische Recht nicht einmal den Begriff des Eigenthums für diejenige Art desselben kennt, wie es dem Bergwerksbetreiber nach den Grundsätzen des jetzigen deutschen Bergrechts übertragen wird. Man unterschied im römischen Staate Staatsbergwerke, welche entweder auf Grund und Boden des Staates betrieben wurden, oder durch Eroberungen dem Staate anheim gefallen waren, und Privatbergwerke. Die ersteren wurden, vielleicht ohne Ausnahme, für Rechnung der öffentlichen Kassen verpachtet; die Privatpersonen mußten dagegen von den Bergwerken, welche sie auf oder unter eigenem Grund und Boden betrieben, eine Abgabe — vectigal metallorum — an die Staatskasse entrichten. Diese Abgabe, welche später auch canon genannt ward, bestand entweder in einer bestimmten Quote des gewonnenen Products, oder in baarem Gelde. Während der ganzen langen Dauer des römischen Reichs, ist kein Beispiel zu finden, daß dem Besitzer der Oberfläche das unterirdische Eigenthum durch den Staat streitig gemacht worden wäre.

Eben so wenig wie im römischen Recht kann im älteren deutschen Rechte die Grundlage zu den Bestimmungen über die Regalität des Bergbaues gefunden werden. Die unbeschränkte Freiheit des Eigenthums lag so sehr im Geist und in der Sitte des Volks, daß eine so tief eingreifende Beschränkung des Grundbesitzes ganz unstatthaft gewesen seyn würde. Auch hätte sie nach dem Geiste der ältern deutschen Rechtsverfassung nur aus dem Volke selbst hervorgehen können, wozu ja damals keine Veranlassung vorhanden war. Ein willkührliches und eigenmächtiges Eingreifen der gesetzgebenden Gewalt war jenen Zeiten überhaupt fremd, und auch später, als die Macht der Landesherrn schon beträchtlich gewachsen war, eine außergewöhnliche Erscheinung. Daher ist auch, wenigstens bis zum 14ten Jahrhundert, nicht einmal eine Spur davon zu finden, daß es in der Absicht der Fürsten gelegen hätte, ein unterirdisches Eigenthum von dem Oberflächenbesitz zu trennen und in das Privateigenthum so empfindlich einzugreifen, als es durch eine solche Trennung geschehen sein würde, wenn sie durch einen Machtspruch der Fürsten erfolgt und nicht schon früher vorbereitet gewesen wäre. Da aber die aus dem Willen des Gesetzgebers hervorgegangenen positiven Gesetze, durch welche dem Grundbesitzer das Eigenthum unter der Oberfläche seines Grundes und Bodens entzogen wird, ungleich neuer sind, als eine Trennung des unterirdischen Eigenthums von dem der Oberfläche in Deutschland faktisch statt gefunden hat; so muß sich diese Trennung durch die Meinung und Sitte des Volkes und durch die Aussprüche seiner Richter nothwendig ausgebildet und die erst spät erfolgte gesetzliche Bestimmung vorbereitet haben.

Eine Vergleichung der deutschen Rechtsverhältnisse mit dem Bergwesen in den alten Staaten, namentlich in den athenischen, wird dies deutlicher machen. Die römische Bergwerksverfassung ist besonders durch Herrn Flade's sorgfältige und ausführliche Bearbeitung (Römisches Bergrecht in allen Perioden des Bergbaues dieses Volkes, Freiberg 1805) genauer bekannt geworden; niemals hat auf dem Grund derselben, wie vorhin schon bemerkt, eine Trennung der unterirdischen Schätze von dem Oberflächenbesitz statt gefunden. Eine ungleich ältere Bergwerksverfassung, die athenische, kennt man durch Herrn Böckh's gründliche Untersuchung (Abhandl. der K. Akad. d. Wiss. a. d. J. 1814 und 1815, histor. philolog. Klasse S. 85) in dem Zustande, wie sie etwa 500 Jahre vor unserer Zeitrechnung bestand, weit genauer und zuverlässiger als die Bergwerksverfassung in Deutschland bis zu Ende des zwölften Jahrhunderts. Es ist höchst merkwürdig, in der alten deutschen Bergwerksverfassung dieselben Grundzüge wieder zu finden, welche Herr Böckh für den attischen Bergbau entwickelt hat. In Attika ward vom Grundeigenthum eine unmittelbare Abgabe nicht erhoben, so wenig als die freien Deutschen in der älteren Zeit eine Grundabgabe entrichteten; aber jeder Bergwerksbesitz war steuerpflichtig, indem die Inhaber der Gruben eine Abgabe von $\frac{1}{24}$ des Metallgewinnes jährlich an die Staatskasse zu zahlen hatten. Weil der Betrieb der Bergwerke auf Staatseigenthum, d. h. auf dem Gesammtgrundbesitz der Bürger Athens statt fand, so wurden die sämmtlichen, durch den öffentlichen Verkauf der Metallabgabe eingehenden Bergwerkssteuern an alle Bürger vertheilt, bis Themistokles das athenische Volk bestimmte, diese Einkünfte zum Schiffbau im Kriege gegen die Aegineten zu verwenden. Das Grubenfeld ward Jedem, welcher Bergbau treiben wollte, vom Staate überwiesen; berechtigt zum Bergbaubetriebe war jedoch nur der, welcher überhaupt ein Grundeigenthum erwerben durfte. Es konnten Mehre zusammen eine Grube besitzen, also Grubenantheile erhalten. Niemals nutzte der Staat sein Eigenthum durch eigene Verwaltung, sondern jederzeit durch Ueberlassung an Bergwerksbetreiber, welche aber nicht, wie im römischen Staat, eine bestimmte jährliche Pacht, sondern die vorhin erwähnte Naturalabgabe, welche auch bei dem deutschen Bergbau zuerst nur allein erhoben ward, zu entrichten hatten. Durch Nichtentrichtung der Abgabe fiel die Grube an den Staat zurück und konnte, eben so wie die neu aufgenommenen Gruben, von demselben wieder erworben werden.

Man würde in diesen Grundzügen die Verfassung des deutschen gewerkschaftlichen Bergbaues erkennen, wenn der attische Bergbau nicht ausschließlich auf einem Staatsgrundbesitz, oder auf einem Grundeigenthum betrieben worden wäre, der von allen Bürgern im Gesammteigenthum besessen ward und für dessen Abtretung und unterirdische Benutzung ihnen gleichmäßig eine Entschädigung durch Vertheilung der Bergwerksgefälle zu Theil ward. Die attische Bergbauverfassung kann folglich, hinsichtlich der Zutheilung des unterirdischen Eigenthums und der von der Benutzung desselben zu entrichtenden Abgaben, nur mit dem gewerkschaftlichen Bergbau verglichen werden, welcher in den frühesten Perioden des deutschen Bergbaues, sei es auf Kammergütern oder auf dem Eigenthum von Privatpersonen betrieben ward. Anders dagegen verhält es sich in der späteren Periode, wo, in Folge der ausgebildeten Regalitätsverhältnisse, dem Privatgrundbesitzer jede Disposition über sein Eigenthum entzogen worden ist.

Ein zweiter, nicht minder wesentlicher Unterschied zwischen der deutschen Bergbauverfassung und der römischen und athenischen besteht darin, daß sich die Athener und die Römer der Sklaven, und die letztern auch der Verbrecher, so wie in den eroberten Provinzen der Leibeigenen, zum Bergbau bedienten, der deutsche Bergbau aber stets um Lohn durch freie Leute betrieben worden ist, welche auch selbst Bergwerksantheile besitzen konnten. Die milde Lehre des Christenthums hat die Benutzung der Verbrecher und der Leibeigenen zum Bergbau längst über Europa's Gränzen verwiesen und niemals ist, so weit die historischen Quellen reichen, der Bergbau in Deutschland durch Verbrecher oder durch Leibeigene betrieben worden.

So sehr auch die Chronikenschreiber bemüht gewesen sind, den außerordentlichen Reichthum an Gold und Silber hervorzuheben, den diese oder jene Provinz Deutschlands schon im 7ten und 8ten Jahrhundert geliefert haben soll, so wenig Vertrauen verdienen diese fabelhaften Angaben. Erst zu Ende des 9ten Jahrhunderts scheint im Fichtelgebirge zuerst ein wirklicher Bergbau auf Silber statt gefunden zu haben, nachdem das Rheingold schon einige Decennien früher gewaschen worden sein mag. Ueber die Verfassung jenes Silberbergbaues ist nichts bekannt, und namentlich lassen sich darüber, ob hier ähnliche Verhältnisse wie über 100 Jahre später am Harze, wo der Bergbau in einem gebannten Forste statt gefunden, nur Vermuthungen aufstellen. Erst im letzten Drittel des zehnten Jahrhunderts wurden die Bergwerke am Unterharz zu Goßlar und zweihundert Jahre später, in der zweiten Hälfte des zwölften Jahrhunderts, die Bergwerke in Sachsen entdeckt und eifrig betrieben. Ein höheres Alter als der sächsische, hat der böhmische, ein noch höheres der mährische Bergbau und noch älter als dieser scheint der Bergbau in Tyrol zu sein, wenn auch die blühendste Periode des letzteren erst im 15ten Jahrhundert begonnen und ein volles Jahrhundert so fortgedauert hat. Die Darstellung des Eisens (des Stabeisens, denn die des Roheisens ist ein erst seit einigen Jahrhunderten in Anwendung gebrachtes metallurgisches Verfahren) macht in sofern eine Ausnahme, als sie in Deutschland schon seit uralter Zeit in Heerden und in kleinen Oefen statt gefunden hat und es historisch nicht nachweisbar ist, wo sie ihren Anfang genommen haben mag. Immer sind aber die Eisenerzgruben als ein Zubehör des Oberflächeneigenthums betrachtet und erst in späterer Zeit nach ähnlichen Grundsätzen wie der Bergbau auf die Erze anderer Metalle behandelt worden.

Obgleich also dem Bergbau in Deutschland kaum ein höheres als ein 900jähriges Alter eingeräumt werden kann, so ist doch die Bergwerksverfassung bei den in den ersten zwei Jahrhunderten im Betriebe gewesenen Gruben bis jetzt völlig unbekannt geblieben. Die ersten Bergwerksgebräuche, welche man kennt, stammen aus dem zwölften oder dreizehnten Jahrhundert. Es scheint, daß sie sich sehr rasch über das ganze östliche Deutschland verbreitet haben und bald auch nach Westen vorgedrungen sind. Woher sie ihren Ursprung genommen, dürfte nicht schwer zu ermitteln sein. Ein Bergbau, älter als der deutsche, hatte sich im Nachbarlande, in Ungarn, wahrscheinlich schon im achten Jahrhundert, durch deutsche Einwanderer, nämlich durch die Mähbrer in der Gegend der jetzigen Bergstadt Schemnitz, erhoben, indem dieser Theil von Niederungarn damals zum Mährerreiche gehörte, oder wenigstens mit Mähren in einem lebhaften Verkehr stand *). Ungeachtet aller Drangsale, die das Land durch die Raub- und Heerzüge

*) Nach Traditionen soll der Niederungarsche Bergbau in der Gegend von Schemnitz im Jahr 740 seinen Anfang genommen haben. Auf solche Angaben ist allerdings kein Gewicht zu legen, aber es möchte auch schwierig sein, darüber jemals Gewißheit zu erhalten, weil man bis zur Zeit der Einführung des Christenthums jeder näheren Kenntniß der Geschichte von Ungarn entbehrt.

der von Osten andrängenden Stämme, besonders später durch die Madgyaren erleiden mußte, scheint doch der Bergbau in Schemnitz bis auf den heutigen Tag nur wenige Unterbrechungen in den ersten Jahrhunderten erlitten zu haben. Es hatte sich eine Bergwerksverfassung slavischen Ursprungs ausgebildet, welche erst weit später, in den Jahren 1235—1270, auf Befehl des Königs Bela IV. zusammengetragen und durch denselben bestätigt ward. Das Original dieser Urkunde ist nicht vorhanden, unbezweifelt ist es in lateinischer Sprache geschrieben. Man kennt nur die hochdeutsche Uebersetzung, wodurch Zweifel über die Aechtheit dieses sogenannten Schemnitzer Bergrechts entstanden sind. Allein die Bestimmungen in diesen, von dem Landesherrn nicht ausgegangenen, sondern erst weit später durch denselben bestätigten Gewohnheitsrechten, finden sich fast wörtlich in den Bergwerksgebräuchen, oder in den sogenannten Bergrechten wieder, welche in Polen, Schlesien, Mähren, Böhmen und Sachsen in Anwendung kamen und sich später, wenn auch mit einigen Modifikationen, über ganz Deutschland verbreiteten. Die Kuttenberger und Freiberger Bergwerksbetreiber entnahmen die Normen zur Verwaltung ihrer Gruben aus dem Iglauer Bergrecht, und der Burggraf Friedrich zu Nürnberg erbat sich sogar noch im Jahr 1363 von Kuttenberg die Iglauer Rechte für das Bergwerk zu Cronach, denn die Bürger zu Iglau hielten mit der Mittheilung ihrer Bergrechte gerne zurück, um streitige Fälle in andern Ländern vor ihren Bergschöffenstuhl zu bringen. Durch die frühere Verbindung von Mähren mit Niederungarn befanden sich die Iglauer Bergwerksbetreiber in dem vollständigen Besitz der Kenntniß von den Schemnitzer Bergwerks-gebräuchen, welche später aus dem Gedächtniß niedergeschrieben wurden und daher eine etwas veränderte Folgeordnung für die einzelnen Bestimmungen, auch einige Modifikationen, den besonderen örtlichen Verhältnissen angemessen, erhielten, so daß die Iglauer Bürger um so mehr in der Meinung sein durften, ein eigenthümliches Iglauer Bergrecht zusammengetragen zu haben, ohne ihnen den Vorwurf machen zu können, daß sie absichtlich die eigentliche Quelle ihres Rechtes verdunkelt hätten, als es, — so weit historische Forschungen dieses dunkle Verhältniß zu erhellen vermögen, — Mährische Einwohner gewesen sind, welche den Bergbau bei und um Schemnitz zuerst belebten, wobei es freilich unentschieden bleibt, ob damals die alten Bergwerksgebräuche sich erst unter ihnen entwickelten, oder ob die Keime derselben aus Siebenbürgen entnommen wurden, wo schon zur Zeit der Römerherrschaft Bergbau getrieben ward, der auch seitdem niemals völlig zum Erliegen gekommen zu seyn scheint. Die fast gänzliche Uebereinstimmung der Schemnitzer und der Iglauer Bergwerksgebräuche in den wesentlichen Bestimmungen, das ungleich höhere Alter des Schemnitzer als des Iglauer Bergbaues, die gleichzeitige Verbreitung des Schemnitzer Bergrechts nach Polen und Deutschland und der besondere Umstand, daß der Schemnitzer Bergbau durch Mährische Einwanderer aufgenommen worden ist, lassen es nicht bezweifeln, daß der Bergstadt Schemnitz die Ehre gebührt, Deutschland seine Bergwerksgebräuche und die ersten gesetzlichen Bestimmungen gegeben zu haben.

Wo ein längere Zeit dauernder und ergiebiger Bergbau betrieben ward, da sammelten sich natürlich die Arbeiter, siedelten sich an und gaben Veranlassung zur Entstehung geschlossener Ortschaften und zuletzt der Städte. Alle Städte in Gegenden, wo lange Zeit Bergbau betrieben ward, verdanken diesem ihre Entstehung. Sie erhielten, als Bergstädte, besondere Vorrechte und Privilegien von den Fürsten, welche das Emporkommen des Bergbaues nicht bloß wegen des daraus für ihren Fiskus entspringenden Gewinnes, sondern eben so sehr auch wegen der damit verbundenen zunehmenden Bevölkerung und Gewerbthätigkeit des Landes und dessen dadurch wachsenden Wohlstandes, begünstigten und eifrig beförderten. Die den Bergwerksbetreibern bewilligten Bergbefreiungen (Bergfreiheiten) bestanden in der eigenen Gerichtsbarkeit, worauf zu jener Zeit mit Recht ein großer Werth gelegt ward, in der Freiheit von Steuer, Geschoß, Zoll und Mauth, in freiem Zu= und Abzug, in freier Vieh=Hutung, freiem Brennholz, in der Mahl=, Back=, Schank= und Schlacht=Freiheit und in späteren Zeiten in der Befreiung von Kriegsdiensten. Mehre von diesen Begnadigungen und sogenannten Bergfreiheiten haben sich die Bergstädte, wenigstens in einigen Staaten des deutschen Bundes, noch jetzt zu erfreuen. Mit der eigentlichen Bergwerksverfassung stehen sie nicht im entferntesten im Zusammenhange und es zeigt von einer geringen Kenntniß der Verhältnisse, wenn man solche Befreiungen als Beweise für die zur Zeit der Ertheilung derselben schon vorhandene Regalität des Bergbaues geltend machen will. Jene Begünstigungen, die dem Bergbau durch die Landesherren zu Theil wurden, wiederholten sich für jede Ortschaft, sie wurden als landesherrliche Begnadigungen, unter dem Namen der Bergfreiheit, theils besonders ertheilt, theils in den Bergverordnungen für jene Ortschaften mit aufgenommen und sind nicht zu verwechseln mit derjenigen Bergfreiheit, nach welcher es Jedermann gestattet war, nach Mineralien zu suchen und die gefundenen, nach Maasgabe der für jeden Ort bestehenden besonderen Rechte, als ein Eigenthum in Anspruch zu nehmen. Diese Bergfreiheit, oder mit dem richtigeren Namen: diese Freierklärung des Bergbaubetriebes, setzt ein Dispositionsrecht über das Eigenthum unter der Oberfläche voraus, welches, wenn es von dem Landesfürsten ausgegangen wäre, offenbar ein Beweis für die Regalität des Bergbaues im heutigen Sinne sein würde, in sofern der Bergbau nicht bloß und ausschließlich auf den sogenannten Kammergütern statt gefunden, sondern auch auf dem Grundbesitz von Privatpersonen, oder gar auf diesem allein ausgeübt worden wäre. Dagegen war diejenige Bergfreiheit, welche die persönliche Begünstigung der Bergbautreibenden betraf, aus der reinen Gnade des Landesherrn hervorgegangen, wenn sie auch aus eigenem Interesse desselben ertheilt ward; sie konnte aber natürlich nicht eher bewilligt werden, als bis durch den Bergbau schon Ortschaften entstanden waren. Die Entstehung der Bergwerksorte setzt aber wieder einen früher schon begonnenen und längere Zeit fortgesetzten Bergbau voraus, für welchen die Normen bereits, und oft sehr lange vorher gefunden und angewendet waren, ehe sie in den sogenannten Bergverordnungen oder Bergfreiheiten durch die Landesherren bestätigt und zu diesen Bestätigungen die Bergfreiheit oder die Begnadigungen hinzugefügt werden konnten.

Ganz so verhält es sich mit den ältesten uns überlieferten Bergwerksgebräuchen, mit dem sogenannten Schemnitzer Bergrecht. Die Bergwerksgewohnheiten waren lange vorher in Ausübung, ehe sie vom Landesherrn bestätigt wurden; die darin enthaltenen Bestimmungen hatten sich längst aus der Natur des Gewerbes und aus der Sitte des Volkes entwickelt und die landesherrliche Genehmigung und Bestätigung lang hergebrachter Bergwerksgewohnheiten und Gebräuche, kann folglich für die Regalität des Bergbaues nichts beweisen. Der Schemnitzer Bergbau ist älter als die Stadt Schemnitz, welche nach und nach durch die Ansiedelungen der Bergarbeiter entstand und später zu einer Bergstadt mit den Bergwerks-Privilegien erhoben ward *). Es ist an sich schon nicht wahrscheinlich, daß das mehre Jahrhunderte nach seiner Entstehung nur nach mündlichen Traditionen niedergeschriebene Schemnitzer Bergrecht, in derselben Gestalt wie wir es kennen, (Wagner, corpus jur. metall. S. 163) ursprünglich in Anwendung gekommen sein sollte, vielmehr geht aus mehren Stellen desselben hervor, daß es durch spätere Bearbeitung Veränderungen erfahren hat. Die leicht bemerkbaren Lücken in dem alten Schemnitzer Bergrecht mögen weniger der ursprünglichen Fassung, als der späteren Ueberarbeitung desselben zuzuschreiben sein, denn es finden sich Zusätze, die offenbar einer späteren

---

*) Dies soll etwa um das Jahr 1000 unserer Zeitrechnung geschehen seyn.

Zeit angehören. So werden z. B. beiläufig des Grafen Antheile an einer Grube erwähnt, deren Umfang nicht einmal angegeben worden ist und zugleich findet sich die Bestimmung, daß der Bergmeister seinen Sold aus der Kammer des Königes erhalten solle. Beide Bestimmungen lassen sich nicht mit einander vereinigen; die erste gehört einer früheren, die zweite einer weit späteren Zeit an, so daß sich aus diesen Bestimmungen schon ergiebt, daß das alte Schemnitzer Bergrecht, wie wir es kennen, in verschiedenen Zeitperioden niedergeschrieben ward und wahrscheinlich durch die späteren Ueberarbeitungen mangelhaft geworden ist.

Nach diesen ältesten bekannten Bergwerksgebräuchen hatte Jedermann das Recht nach Mineralien zu suchen, und wer dabei vom Glück begünstigt ward, erhielt, als erster Finder, den Lohn für seine Mühe dadurch, daß ihm ein gewisser Raum (Grubenfeld) nicht vorenthalten werden durfte, innerhalb dessen Gränzen nur er allein, oder Diejenigen, welchen er sein Recht abtreten oder gemeinschaftlich mit ihnen ausüben wollte, berechtigt waren, das gefundene Mineral zu gewinnen und zu Tage zu bringen. Das Recht des Suchens war ein Jedermann zustehendes, welches in den ältesten Bergwerksgebräuchen als sich von selbst verstehend, vorausgesetzt wird. Auch der ältesten deutschen Bergwerksverfassung liegen wesentlich das Recht des Suchens nach Mineralien und das Recht des ersten Finders zum Grunde. War dem ersten Finder sein Recht geworden, so konnte nach ihm Jedermann auf derselben Erz-Lagerstätte ein Grubenfeld begehren und wer es zuerst begehrte, hatte vor den folgenden den Vorzug. Die Größe des Grubenfeldes war nach einem besonderen Maaße (mansus) bestimmt, welches einem Längenmaaß von 7 Klaftern oder Lachtern entsprach. Ein solches Längenmaaß ward Laneus genannt. Die Benennung Laneus für ein gewisses Maaß ist slavischen Ursprungs und von dem polnischen Worte Lan abzuleiten, welches ein abgemessenes Stück Landes bezeichnet. Es weiset also auch diese Bestimmung der Grubenmaaße nach Laneis, auf den slavischen Ursprung der Art der Begränzung der Grubenfelder nach alten deutschen Bergwerksgebräuchen hin *). Für Laneus gebrauchte man in der deutschen Sprache den Namen Len, Lähen, Lechen oder auch Lehn**) und brachte, wahrscheinlich nur durch den Wortklang geleitet, die Bestimmung der Größe der Grubenfelder nach Lehen, auf eine ungeschickte Weise mit dem Lehnswesen in Verbindung, obgleich dieses allerdings, nach den Rechts-Zuständen des späteren deutschen Mittelalters, auch auf die Rechtsverhältnisse

---

*) Laneus, als Ackermaaß, ist unbezweifelt ein Flächenmaaß und ein Längenmaaß gewesen. Man unterschied große und kleine Hufen. Die kleinen Hufen (Hackenhufen, aratrum parvum) wurden mit dem Uncus bearbeitet und Lanei genannt. Die großen Hufen bearbeitete man mit Pflügen. Vergl. Anton, Gesch. d. deutschen Landwirthschaft. III. S. 70. 71; Stenzel, Urkundensammlung zur Gesch. v. Schlesien. 1832. S. 173.

**) In dem Schenkungs- und Stiftungsbriefe Markgraf Otto zu Meißen über das Kloster Alten Zelle im Jahre 1185 heißt es: . . . Igitur notum sit vobis et universis, tam praesentibus quam futuris, quia de nemore quod est in marchia nostra a plage milde fluvii meridiana, mansos octingentos qui Franconia lingua Lehn dicuntur, ab imperio donari adhoc ipsum impetravimus etc.

des Bergbaus, nämlich auf die Art der Uebertragung des Eigenthums, seine Anwendung finden mußte *).

Die Abgaben vom Bergbaubetriebe haben in der ältesten Zeit bis zu welcher die Nachrichten reichen, immer aus einer Quote des gewonnenen Minerals bestanden, welche urbura, Frohne, auch Zehnt genannt wurden, wenn sie auch nicht immer den zehnten Theil der geförderten Erze betrugen. Außerdem stand dem Landesherrn das Recht zu, ein bestimmtes Grubenfeld für seine Rechnung zu bauen. Bei der Zutheilung des Grubenfeldes für den ersten Finder, ward der Laneus regalis folglich mit abgegränzt. Der Grundbesitzer, wenn auf Privateigenthum gebaut ward, erhielt entweder einen Antheil an der Urbar, oder ein Ackertheil, welches er, eben so wie der Landesherr, auf eigene Kosten bauete. Aber nicht bloß der König, oder statt seiner der Landesherr und der Grundherr, sondern auch die höchsten Hofbeamten erhielten zuweilen den Laneum dominorum — Herrenlehn — welchen sie für ihre Rechnung zu bauen berechtigt waren. Dafür mußten der Landesherr und der Grundbesitzer das Holz für die Grube den Grubenbetreibern anfänglich umsonst, später gegen eine mäßige Bezahlung, von ihren Besitzungen liefern, obgleich nicht einmal ein Vorrecht von besonderer Bedeutung darin liegen konnte, daß der Landesherr und der

---

*) Auch der mir unbekannte Verfasser des Aufsatzes „Neue Gedanken vom Ursprung des Wortes Lehen" (Zepernick, Miscellaneen zum Lehnrechte. B. II. S. 24) leitet Lehen von Laneus ab und zeigt, daß Lehen, als Ackermaaß, nicht die Bedeutung haben könne, welche man jetzt mit dem Worte Lehen (beneficium, feudum) verbindet.

Grundbesitzer, gleich allen andern Grubenbetreibern, ein Grubenfeld für eigene Rechnung mit zu bauen berechtigt waren. Als sich später der Werth des Grundes und Bodens erhöhete und das Holz im Preise stieg, haben die Landesherren den Laneum regalem fallen lassen und sich bloß auf die Erhebung der Urbar oder des Zehnten beschränkt.

Die Bergbautreibenden, sowohl die ersten Finder, als diejenigen, welche nach ihnen auf derselben Erzlagerstätte ein Grubenfeld verlangten und erhielten, konnten, wenn ihre eigenen Kräfte nicht zureichten, mit anderen in Verbindung treten und auf gemeinschaftliche Kosten Bergbau treiben. Die Genossenschaft und Gewerkschaft, und die einzelnen Mitglieder derselben wurden Gewerke genannt. Man unterschied die ursprünglichen Gewerken von der später sich bildenden Gewerkschaft. Nur den ersteren ward das Grubenfeld durch den dazu bevollmächtigten Beamten zugetheilt und die letzteren konnten ihr Recht als Mitgewerken nur erweisen, wenn sie sich in Gegenwart jenes bevollmächtigten Beamten in die Genossenschaft aufnehmen ließen, so daß dieser ein Zeugniß vor Gericht darüber abzulegen im Stande war. Die Gewerken, sowohl die ursprünglichen als auch die später durch diese zusammengebrachten Gewerkschaften, konnten ihr Grubenfeld auch an andere Grubenbetreiber verpachten, also ihr Grubenfeld durch den Pachtzins, welchen sie davon zogen, nutzbar machen, ohne für eigene Rechnung Bergbau zu treiben. Die Pächter wurden Lehnschafter genannt, sie mogten ihre Gruben um Lohn bauen lassen, oder selbst die Bergarbeit verrichten. Es konnten nämlich auch gemischte Verhältnisse eintreten, wenn die

Bergarbeiter selbst zu einer Lehenschaft, oder gar zu einer Gewerkschaft gehörten. Waren die ursprünglichen Gewerken Bergarbeiter, die ihre Gruben selbst bauten und nicht um Lohn arbeiten ließen, so nannte man sie — wenigstens in der späteren Zeit, — Eigenlöhner. Die Lanei regales wurden stets durch Lohnarbeiter betrieben, wenigstens kommen keine Beispiele von Bergewerkschaftungen und noch weniger von Lehnschaften in den Königlichen Lehen vor.

Die Zutheilung eines Grubenfeldes konnte der erste Finder nur dann als ein ihm zustehendes Recht begehren, wenn er die Bauwürdigkeit der aufgefundenen Lagerstätte nachgewiesen hatte, eine Bestimmung, die ursprünglich ohne Zweifel aus Rücksichten gegen die Grundbesitzer getroffen war, damit diese in ihren Rechten nicht weiter gestört würden, wenn der Betrieb des Bergbaus — durch dessen Mitbetheiligung sie ihre Entschädigung finden sollten, — nicht so lohnend und ergiebig ausfallen sollte, daß sie dadurch zu den herkömmlichen Entschädigungen gelangen konnten. Die Zutheilung des unterirdischen Eigenthums erfolgte durch einen Beamten, der des Bergbaus kundig und eine öffentliche Person sein mußte, dessen Ausspruch über die Eigenthumsverhältnisse der Gruben in streitigen Fällen entscheidend war. Diese Person ward der Leiher genannt; er war in der Regel zugleich der Bergmeister, um den Bergbaubetreibern auf Begehren Rath und Hülfe ertheilen zu können. Jeder Leiher stand im Dienst des Landesherrn, weil der ganze Bergbaubetrieb unter dessen Schutz gestellt bleiben mußte, und weil das Amt eines Schiedsrichters nur von dem Organ oder Bevollmächtigten des Fürsten ausgehen konnte. Der Grubenbetrieb selbst war den Gewerken überlassen und der Bergmeister hatte nur das Schiedsrichteramt bei Streitigkeiten der Gewerken unter einander, sowohl hinsichtlich der Eigenthumsverhältnisse, als der Hindernisse, die eine Grube durch die andere erfahren konnte. Auch lag ihm ob, die Untersuchung anzustellen und darüber zu entscheiden, ob Grubenantheile oder auch ganze Gruben sich verlegen hatten und an andere Bergbaulustige wieder ausgethan werden konnten, indem das gänzliche Unterlassen der Bergarbeit innerhalb einer gewissen Zeit, oder auch wohl die bergüblich als unzureichend erkannte Belegung der Gruben mit Arbeitern, das Verliegen derselben zur Folge hatte. Die Beweisführung für solche Fälle war die Sache des Bergmeisters und mit dem geführten Beweise fiel die Vollstreckung des Urtheils durch ihn, nämlich die Erklärung, daß die Grube verlassen sei und einem andern Bergbaubetreiber übergeben werden könne, zusammen.

Wie es mit der Entrichtung der Urbar oder des Zehnten für solche Fälle gehalten ward, wo der Bergbaubetrieb auf Privatgründen statt fand, darüber läßt sich für die älteste Zeit des deutschen Bergbaues keine Auskunft geben und die Abgaben werden, wie aus manchen Nachrichten hervorgeht, nur allein dem Grundbesitzer zu Theil geworden sein, weil nur ihm allein das Recht zustand, auf seinem Grund und Boden Bergbau zu treiben *). Erst durch die Einführung der

*) Beweise dafür, daß der Bergbau auf Privatgrundbesitz in der frühesten Zeit in Deutschland von dem Grundbesitzer für dessen Rechnung

alten Bergwerksgebräuche bildete sich nach und nach eine Norm, die zwar von den Grundbesitzern nicht immer anerkannt wurde und zu Streitigkeiten zwischen den Privaten und dem Landesherrn führte, welche aber in der Regel sich zu Gunsten der letzteren entschieden, weil für diese das alte Gewohnheitsrecht sprach. Ueber die Regalität des Bergbaues können jedoch solche Streitigkeiten keinen Aufschluß geben, denn die Urbar oder der Zehnte war nichts mehr und uichts weniger als eine Steuer von dem Gewerbe, in derselben Art, wie im römischen Staat das vectigal metallorum oder der Canon erhoben ward.

Das alte Schemnitzer Bergrecht fängt mit der Bestimmung an, daß Berge und Stollen nach Lachtern und Lehen gemessen werden sollen, daß 1 Berglachter gleich 3 Schemnitzer Stadtellen und 1 Lehen gleich 7 Lachtern. Dann folgt die Festsetzung, daß Richter und Rath der Stadt einen geschwornen Bergmeister setzen, der seinen Sold aus der Kammer des Königs haben soll, so wie auch einen geschwornen

---

betrieben, oder in Pacht gegeben, oder vergewerkschaftet worden sey, finden sich in Gmelin's Beitr. z. Gesch. d. teutschen Bergbaus S. 186, in Wagner's Abh. über d. Beweis der Regalität des teutschen Bergbaus (Bergm. Journal f. 1788. B. II. S. 737. 761.) in Hüllmann's Schrift: über den Ursprung der Regalien in Deutschland; in Sperges, tyrolische Bergwerksgeschichte S. 32. 45. 48. 58. 82. 213; in Klotsch Gedanken von der Erfindung des Bergwerks zu Freyberg S. 32; in Köhler's Anleitung zu den Rechten und zu der Verfassung bei dem Bergbau im Königreich Sachsen, S. 29—31. Diese Beweise würden sich unbezweifelt in größerer Anzahl aus alten Archiven und Urkunden sammeln lassen.

Theiler. Alle Bergwerke, heißt es ferner, es seien Schächte oder Stollen, die Jemand durch die Geschwornen der Stadt und den Bergmeister zugetheilt und unter dem Siegel der Stadt erhalten hat, sollen ihm ohne Widerrede verbleiben. Wer einen Berg gefunden, der nie entgänzt worden, oder wer einen Stollen angenommen, auf dem er Gänge und Erz gefunden und dies mit 3 Mark Silber (aus dem gewonnenen Erz) vor dem Rath und dem Bergmeister beweißt, der behält das Bergrecht (Finderrecht) auf jeder Seite des Ganges mit 3½ Lehen, und im Hangenden sowie im Liegenden mit 1 Lehn. Jeder gemessene Berg in den 7 Lehen soll mit wenigstens 3 Schächten bebauet und in jeglichem Lehen sollen 3 Orte betrieben werden. Wenn die Schächte bezeichnet sind, so hat Jedermann das Recht Lehen zu verlangen, welche aber um 1 Lehen von dem Schacht der benachbarten Grube entfernt bleiben müssen, so daß die folgenden Gruben ihre Lehen nur auf einer Seite des Schachtes erhalten. Auf das Zwischenfeld kann nur der Graf Anspruch machen. Bei vermessungswürdigen Gängen und Erzen, die ein Suchstollen anfährt, soll es eben so wie bei den durch Schürfen aufgefundenen Erzlagerstätten, hinsichtlich der Vermessung gehalten werden. Vermessene Gruben und Stollen, die später wüste und unbauhaft gesehen werden, müssen 6 Sonntage hindurch öffentlich aufgeboten werden. Finden die Geschwornen der Stadt und der Bergmeister am siebenten Sonntage keinen Arbeiter in der Grube, so ist der Bergmeister befugt, die Grube zu vergeben an den der da kommt. Bei Feldesstreitigkeiten zwischen zwei Gruben sollen drei Männer gewählt werden, die bei keiner von den streitenden Gruben betheiligt sind und ein vierter Mann aus dem Grubentheil des Grafen, denen die Prüfung obliegt. Ein Schurf soll Freiung haben bis an den dritten Tag, wird er dann nicht gebauet, so wird er dem zugesprochen, der ihn begehrt. Der Grundbesitzer, unter dessen Grund und Boden ein Bergwerk gefunden und vermessen wird, erhält den dritten Theil der Urbar, aber den Bedarf an Holz in den Gruben und zu allerlei Nothdurft, soll der Grundbesitzer an die Grube zu liefern verpflichtet sein. Für die Hütten oder Mühlen, welche innerhalb der Gränzen des Grubenfeldes gebaut werden, hat der Grundbesitzer, er sei geistlich oder weltlich, keinen Zins zu fordern, denn dieses ist des Bergwerks Freiheit.

Dies sind die wesentlichen Bestimmungen über die Erwerbung einer Grube und die Berechtsamsverhältnisse derselben nach dem Schemnitzer Bergrecht. Unter des Grafen Theil ist ohne Zweifel der Laneus regalis zu verstehen, aber das Recht enthält keine Bestimmung über die Größe dieses Grubenfeldes, wie überhaupt die Stellung des Grafen in diesem Bergrecht noch zu manchen Fragen und Bedenken Anlaß giebt. Würde das ächte alte niedergeschriebene Bergrecht aufgefunden, so würde diese Lücke vielleicht ausgefüllt werden können, auch würde man dann vielleicht einen Aufschluß über mehre anderen Bestimmungen, besonders über die Erbstollen, welche sich ebenfalls nicht aufgezeichnet finden, erhalten.

Das Iglauer Bergrecht, welches wahrscheinlich im Jahr 1248, also vielleicht zu derselben Zeit wie das Schemnitzer Recht zusammen getragen und niedergeschrieben ward, ist gleichfalls weit jünger als der Bergbau bei Iglau selbst (Wagner, im bergm. Journal für 1789. S. 527. — Klotsch, Ursprung der Bergwerke in Sachsen S. 204). Es hebt mit der Bestimmung an, daß das, was des Königs gewaltiger Urbarer oder Leiher, mit dem Rath der Geschworenen der Stadt Iglau, unter seinem und der Stadt Siegel bescheinigt, Beweiskraft haben soll. Ein Leiher soll aber Niemand sein, als einer der dem Könige verpflichtet ist und in der Nähe des Bergwerks wohnt. Die Gewerken nehmen einen Bergmeister, welchen sie wollen, aber der Urbarer, oder wer an seiner Stelle ist, soll ihm den Eid abnehmen, jedoch nicht das Recht haben, einen Bergmeister ohne Willen der Gewerken zu wählen. Die Bestimmungen über die Größe des Grubenfeldes, welches der erste Finder und der Stöllner zu verlangen berechtigt sind, stimmen ganz mit denen im Schemnitzer Bergrechte überein, nur findet sich als eine davon abweichende Bestimmung, daß zu einer vermessenen Grube, außer den 7 Lehen für den ersten Finder oder Stollner, noch ein Königslehn, ein Bürgerlehn und ein Herrenlehn gehören sollen, welche die Empfänger auf ihre Kosten bauen müssen. Der Laneus dominorum ist für die obersten Hofbeamten bestimmt; der Laneus civilis oder civium kam wahrscheinlich der Stadt Iglau zu gut. Die Bauwürdigkeit einer Grube soll dadurch nachgewiesen werden, daß das Erz auf der Sohle in der Grube wenigstens 1½ Lachter aushält. Bestimmungen über das Aufsuchen der Erze sind, weil sie überflüssig gewesen sein würden, eben so wenig wie im Schemnitzer Bergrecht vorhanden. Im Iglauer Bergrecht finden sich ungleich genauere Bestimmungen über die Erbstollen, welche hier indeß übergangen werden können. Für das Wiederaufnehmen der auflässig gewordenen Gruben wird dasselbe Verfahren wie im Schemnitzer Bergrecht angegeben, dabei aber der Ausdruck gebraucht, der Urbarer oder Leiher soll das Grubengebäude mit Urteil ledigen in des Königs gewalt und es geben wem er will. Dieser Ausdruck ist deshalb hervorzuheben, weil sich im Sachsenspiegel eine ähnliche Bestimmung findet, wodurch aber nur ausgedrückt wird, daß für eine verlassene Grube erst der frühere Zustand wieder hergestellt werden muß, ehe sie von Neuem in derselben Art wie eine neue Grube erworben werden kann. Die landesherrliche Bestätigung, welche der Erwerber einer Grube durch den Urbarer bekommen hatte, um dadurch den Beweis über seinen Besitzstand führen zu können, mußte zuvor wieder aufgehoben werden, welches nur durch den Leiher im Namen des Landesherrn geschehen konnte. Die Verhältnisse der Grubenbesitzer zu den Besitzern der Oberfläche werden eben so wie im Schemnitzer Bergrechte festgestellt, nur findet sich im Iglauer Bergrecht noch der Zusatz, daß sich das Feld zu einem vermessenen Berge, worauf die Bergleute ihr Vieh hüten, so weit erstrecken soll, als ein Mann mit dem Bogen schießen kann.

Der Bergbau auf silberhaltigen Bleiglanz in der Gegend von Beuthen in Oberschlesien ward schon im Jahr 1230 aufgenommen. Nach welchen Bergrechts-Gewohnheiten damals dort verfahren ward, ist nur sehr unvollkommen bekannt. Schriftliche Nachrichten haben nichts weiter davon aufbewahrt, als daß Jedem erlaubt war, nach Erzen zu suchen und daß der Grundbesitzer den vierten Theil der Urbar von den Erzen erhielt, die unter seinem Grund und Boden gefunden wurden *).

Den ersten Anfang des Freiberger Bergbaues pflegt man um das Jahr 1166 zu setzen. Dieser Bergbau ist also ebenfalls früher betrieben worden, als Freiberg zu einer Bergstadt erhoben ward, indem Klotsch nachgewiesen hat (Gedanken von der Erfindung des Bergwerkes zu Freiberg, S. 73), daß Freiberg im Jahr 1185 noch keine Stadt gewesen ist. Der Freiberger Bergschöffenstuhl ward erst im Jahr 1255 gegründet und zu dieser Zeit mußte das alte Freiberger Bergrecht als die Norm für jene Behörde schon zusammengetragen gewesen sein. Die Abstammung von dem Iglauer Bergrecht kann bei der Vergleichung beider Rechte mit einander nicht bezweifelt werden. Es bedarf dabei der Voraussetzung nicht, daß das Iglauer Bergrecht erst kurz vor dieser Zeit nach Freiberg gelangt sei, sondern die Grundzüge desselben mögen ungleich früher, durch den Verkehr mit böhmischen Bergleuten, in Freiberg bekannt gewesen sein. Das alte Freiberger Bergrecht (Klotsch Ursprung ꝛc. S. 221) stimmt in den mehrsten Bestimmungen wörtlich mit dem Iglauer überein, nur daß dem Bergmeister oder Ober-Bergmeister die Verpflichtungen

*) In einem Anhange zum alten Löwenberger Stadtrecht von 1278, welcher überschrieben ist: „von allerlei Goltrechte" (Sutorius Gesch. v. Löwenberg. Bunzlau 1784. I. 21, ausführlicher in der literarischen Beilage zum Märzheft der Schl. Prov. Blätter f. 1798) findet sich die Bestimmung, daß der Grundeigenthümer den vierten Theil des auf seinem Grunde gewonnenen Waschgoldes erhalten soll.

auferlegt werden, welche das Iglauer Recht von dem Urbarer fordert und daß die Erhebung der Bergwerksabgaben durch den Zehntner geschieht. Hinsichtlich des Schürfens, worüber das Iglauer Recht nichts enthält, bestimmt das Freiberger Bergrecht: Wo man Erz suchen will, das mag man wohl thun und das soll von Recht Niemand wehren. Der Grundbesitzer erhält aber nicht $\frac{1}{8}$ der Urbar, wie nach dem Iglauer Bergrecht, sondern den Ackertheil, nämlich $\frac{1}{32}$ Antheil von der Grube, den er auf seine Kosten mit bauen muß. Diese Bestimmung ist später in sehr viele Bergordnungen übergegangen. In dem Freiberger Recht werden ferner der Grundbesitzer und der Gutsbesitzer unterschieden. Dem letztern wird jeder Antheil an der Grube abgesprochen, aber es bleiben ihm die Einkünfte von den Badstuben und Fleischbänken. Der Zehnte und die Gerichtsbarkeit stehen dem Landesherrn zu, auch wird ihm der Silberankauf für die Münze vorbehalten. Wichtig ist ferner die Bestimmung, daß die Notizen des Bergmeisters über die Eigenthumsverhältnisse der Gewerken kein Zeugniß geben sollen, sondern allein die gerichtliche Verbriefung. Der Zins von den Hütten auf dem Grubenfelde, es gehöre einem geistlichen oder weltlichen Besitzer, steht nicht diesem, sondern dem Landesherrn zu. Das Holz, welches auf einem gemessenen Grubenfelde steht, sollen die Gewerken mit Recht hauen, wenn sie es nicht aus Bescheidenheit dem Grundbesitzer überlassen wollen. Kein Ober-Bergmeister oder oberster Leiher hat das Recht, auf einem Erbstollen oder auf einem gemessenen Berge Grubenbeamten gegen den Willen der Gewerken anzustellen. Die Bauwürdigkeit einer Grube wird nachgewiesen, entweder dadurch, daß das Erz mindestens in der Länge eines Lachters auf der Sohle ansteht, oder dadurch, daß wenigstens 3½ Mark Silber aus dem Erz gewonnen worden sind. Das Recht des ersten Finders erstreckt sich ebenfalls auf 7 Lehen, aber nur auf ½ Lehen (3½ Lachter) ins Hangende und eben so viel ins Liegende des Ganges. — Die letzte Bestimmung hat in einer späteren Zeit die Abänderung erfahren (Klotsch, Ursprung ꝛc. S. 263), daß zu jeder Grube, außer den 7 Lehen für den ersten Finder, noch 1 Lehn für den Landesherrn, 1 Lehn für dessen Gemahlin, 1 Lehn für den Truchses, 1 Lehn für den Kämmerer und 1 Lehn für den Bergmeister vermessen wurden, welche Lehen sie auf ihre Kosten, eben so wie die anderen Gewerken, bauen mußten. Auch scheint einige Zeit hindurch die Einrichtung bestanden zu haben (Klotsch a. a. O. S. 261), daß der Landesherr wählen konnte, ob er als Bergwerkssteuer den Naturalzehnten erheben, oder den dritten Theil der Grube auf seine Kosten mit bauen wollte.

Der noch jetzt umgehende Bergbau am Rammelsberge bei Goßlar, welcher zu den ältesten Bergbau-Unternehmungen in Deutschland gehört, hat seit seiner Entstehung mancherlei Schicksale erfahren und ist zu verschiedenen Zeiten auflässig gewesen *). Er befand sich urspünglich auf Königlichen Kammergütern, es

*) Das Geschichtliche dieses Bergbaues findet man, obgleich wegen Mangel an Urkunden nicht ganz befriedigend, zusammengetragen in Meyer's Vers. einer Geschichte der Bergwerksverfassung und der Bergrechte des Harzes im Mittelalter. Eisenach 1817.

fehlen aber die Nachrichten über die damalige Verfassung bei diesem Bergbau. Für Königliche Rechnung ist er nicht betrieben worden, sondern der König bauete gemeinschaftlich mit den Gewerken. Bestimmter geht dies erst aus den späteren Urkunden hervor, die seit der Mitte des zwölften Jahrhunderts aufbewahrt sind (Meyer S. 29 u. f.). Die gewerkschaftlichen Einrichtungen, so wie die Eigenthums-Verhältnisse der Bergbaubetreiber gegen einander, zeigen eine große Uebereinstimmung mit den Bestimmungen im Schemnitz-Iglauer und Freiberger Bergrecht, ohne daß man nachweisen kann, ob sich die Rammelsberger Bergwerksverfassung dort nach und nach selbst ausgebildet hat, oder, was allerdings wahrscheinlicher, ob die ersten Keime durch Tradition aus Osten dorthin gelangt sind und die ursprünglich slavische Einrichtung allmälig germanisirt worden ist. Abweichend war die Bestimmung der Größe des Grubenfeldes, indem dem ersten Finder, auf sein Begehren, außer der Fundgrube noch zwölf Gruben zugetheilt wurden, die zusammen einen gemessenen Berg ausmachten, indeß sehr klein waren, indem jede Grube nur 7 Fuß lang und 5 Fuß breit vermessen ward *). Die Zahl 7 für die Länge eines Lehen findet sich also hier ebenfalls. Dabei fand die sonderbare Bestimmung statt, daß von den 7 Fußen einer barfuß und die anderen 6 beschuhet gemessen wurden. Die Zutheilung des

*) .... dritteyn groven scal en berch to rechte hebben, dat het twolff groven unde en wut grove, unde van dem enen vote vief vote in de vurde, unde sevene vote in de lenge. Leibnitz, Scriptor. Brunswicensia illustrantium. T. III. S. 149. §. 185.

Bergeigenthums erfolgte durch den Bergmeister. So lange der König selbst mitbauete, ward kein Zehnt erhoben, nachdem aber der Kaiser Friedrich I. im Jahre 1157 seinen Antheil an die Stadt Goßlar verschenkt hatte, behielt er sich von diesem Antheil den Zehnten vor, welcher damals in dem dreizehnten Theil der geförderten Erze bestand. Der Rath zu Goßlar, in dessen Hände der Bergbau in der Mitte des 15ten Jahrhunderts gekommen war, suchte sowohl den Bergbau als die Stadt Goßlar dadurch zu heben, daß nur allein Bürger von Goßlar Theil an dem Bergbau haben sollten, mit Ausschluß der Fremden; indeß scheint dieser Beschluß niemals zur Ausführung gekommen zu sein. Dagegen ward im Jahre 1538, durch den Rath zu Goßlar und auf eigenen Antrieb der Grubenarbeiter auf dem Rammelsberge, die erste Knappschaftskasse errichtet, nach derem Vorbilde ähnliche Einrichtungen später fast überall entstanden.

Geht man auf die ältesten bekannten Einrichtungen bei dem Tyroler Bergbau im 12ten und 13ten Jahrhundert zurück, so wie Sperges dieselben – freilich unter der irrigen Voraussetzung einer damals schon bestehenden Bergregalität, — mitgetheilt hat *), so zeigt sich, daß auch dort nur gewerkschaftlicher Grubenbetrieb, begründet auf dem Recht des Suchens nach Mineralien und auf dem Recht des ersten Finders, statt fand. — Eben so hat Lori **) den Bergbrief mitgetheilt, welchen im Jahr 1308 der Bergrichter Ecklsheim zu

*) Tyrolische Bergwerksgeschichte. Wien 1765.

**) Sammlung des bairischen Bergrechts. München 1764.

Schladming in Steiermark, mit Zuziehung der Bürger und der Knappschaft und mit Genehmigung der Landesherrschaft, niederschrieb. Dieser Bergbrief enthielt die ältesten Bergwerksgebräuche für Baiern und für die Grafschaft Steier und hat dadurch eine große Celebrität erlangt, daß fast in allen Bergordnungen, die später in Baiern, Oesterreich, Salzburg und Tyrol erlassen wurden, die Bestimmungen in diesem Bergbriefe zum Grunde gelegt worden sind. Er enthält aber nichts weiter als Bestimmungen über einen gewerkschaftlichen Bergbau, der ein freies und ungehindertes Suchen nach Mineralien und das Recht des Finders voraussetzt. Das Berglachter ward hier zu 7 Daumellen und 1 Span, und ein Lehen zu viertehalb Berglachtern angenommen. Ein Berglehen war also ebenfalls ein Maaß von sieben Lachtern Länge, wenn das Lachter wie gewöhnlich zu sieben Fuß und nicht zu sieben Ellen angenommen wird. Ein Bau hatte 1 Lehen Länge und 1 Lehen Breite und das Recht des ersten Finders war auf 3 Baue festgestellt, jedoch mit dem Zusatz, daß ihm, wenn Niemand nach ihm käme, der das Feld begehre, gestattet sein solle, auf dem Gange so weit aufzufahren als ihm beliebe. Die Bergwerks-Abgabe bestand aus der Frohne, nämlich aus einer nicht näher angegebenen Naturalquote des gewonnenen Erzes, außerdem stand dem Landesherrn das Recht zu, den neunten Theil der Grube, gleich jedem andern Gewerken, für seine Rechnung mitzubauen. Ueber das Verhältniß zum Grundbesitzer finden sich keine Bestimmungen.

Aus diesen, bis zu Ende des 13ten Jahrhunderts reichenden Bergwerksgebräuchen und Gewohnheitsrechten geht klar hervor, daß die Regalität des Bergbaues, in dem heutigen Sinne, ganz unbekannt war, und daß das Bergwerksregal damals nichts weiter, als eine gewöhnliche Steuer von dem Bergbaubetriebe gewesen ist. Diese Steuer mag von dem unter Privatgründen betriebenen gewerkschaftlichen Bergbau häufig von dem Grundbesitzer allein erhoben worden sein, und es fehlt nicht an Beispielen, daß es wirklich so gehalten worden ist, bis der Landesherr, entweder durch die Bedeutsamkeit des Bergbaues, oder durch irgend eine andere Veranlassung aufmerksam gemacht, sein bergübliches Besteuerungsrecht gegen den Grundbesitzer geltend zu machen suchte. Es entstanden dadurch zwischen diesem und seinem Landesherrn häufig Verträge über die Theilung, oder über die gänzliche Ueberlassung der Abgaben *) und es kommen auch wohl Fälle vor, wo die Grubenbetreiber genöthiget waren, die Frohne an den Landesherrn und an den Grundbesitzer gleichzeitig zu entrichten. Diese letzte Besteuerungsart suchten die Landesherrn indeß möglichst zu vermeiden, um den Bergbau nicht durch die davon zu entrichtenden Abgaben zu erdrücken, auch konnten

*) Dergleichen Verträge kamen noch ungleich später vor. Im Jahr 1528 schloß Herzog Hans von Oppeln mit dem Grundbesitzer von Alt-Tarnowitz einen Vertrag, nach welchem ersterer für alle Gerechtigkeiten, so lange der Tarnowitzer Bergbau auf dem Grunde des Letzteren betrieben ward, diesem, statt des ihm gebührenden viertel Zehnten, jährlich 35 Gulden zahlte. Nach einem späteren Vertrage von 1537 sollte der Grundbesitzer außerdem noch Antheile vom Zapfengeld, von Fleisch-, Brodt- und Backgeld erhalten, dagegen aber für billige Bezahlung, Wasserläufe, Holz und Plätze zu Rosthütten

sie die Anforderungen der Grundbesitzer mit einem um so größeren Rechte zurückweisen, als durch Herkommen und Bergwerksgebrauch, worauf man sich auch fortwährend berief, die Rechte des Grundbesitzers festgestellt waren.

Unter diesen Umständen erscheint es denn ganz natürlich, daß die Landesherrn, anstatt in der Gesetzgebung und Verwaltung einen tief eingreifenden Einfluß auszuüben, sich damit begnügten, die alten Berggebräuche zu genehmigen, durch welche ihnen, außer der Erhebung der Frohne oder des Zehnten, nur das Recht der Bestätigung erworbener Gruben oder Grubenantheile eingeräumt war. Auch ist der Umstand hervorzuheben, daß bis zu Ende des 13ten Jahrhunderts jeder Bergwerksort seine eigenen, von dem Landesherrn erbetenen Bestätigungen seiner Berggewohnheiten, und mit denselben die Begnadigungen oder die Bergfreiheit erhielt. Erst zu Ende des 15ten Jahrhunderts erschienen Bergordnungen, die für das ganze Gebiet des Landesherrn, oder auch für einzelne Provinzen von Gültigkeit sein sollten.

Von großer Wichtigkeit für die Beurtheilung des Zustan-

---

und Wäschen geben. — Nachdem der Tarnowitzer Bergbau eine größere Ausdehnung und Wichtigkeit erlangte, wünschte der Landesherr einen größeren Zehntertrag von demselben auf den anderen Privatgründen zu erhalten; die Grundbesitzer verlangten dagegen auch ihrerseits mehr vom Bergbau zu genießen und bestanden auf den halben Zehnten, wogegen die fürstlichen Räthe nur den sechsten Theil desselben bewilligen wollten. Nach langen Verhandlungen vereinigte man sich im Jahr 1537 wieder auf den vierten Theil des Zehnten.

des der deutschen Bergwerksverfassung zu Ende des 13ten Jahrhunderts ist das erste in Deutschland erlassene Bergwerksgesetz, welches der König von Böhmen Wentzel II. im Jahr 1280, vorzugsweise zwar nur für Kuttenberg, wo der Bergbau damals blühete, bearbeiten ließ, jedoch nicht ohne die Absicht, daß es sich als ein für das ganze Königreich geltendes Gesetz Eingang verschaffen möge. Das Gesetz erhielt den Titel: Constitutionis juris metallici Wenzeslai II. regis Boemiae *) und ist von einem aus der italienischen Rechtsschule hervorgegangenen Juristen verfaßt. Wäre die Ansicht von der Regalität des Bergbaues in Deutschland daher zu jener Zeit nur einigermaßen vorbereitet gewesen, so würde sie sich in diesem Gesetz ausgesprochen finden. Zur Anwendung ist es zwar niemals gekommen, indeß ist die Eintheilung desselben doch in die sämmtlichen späteren Berggesetze, sogar noch bis zu Ende des 17ten Jahrhunderts, übergegangen. Der Gegenstand des Gesetzes sind Vorschriften für den gewerkschaftlichen Bergbau auf dem Grund der Freiheit des Suchens und des Rechts des ersten Finders. Sehr bemerkenswerth heißt es in dem de jure argentifodinarum überschriebenen Kapitel: Per occupationem hoc modo jus montanum acquiritur, cum quis spe ductus montanorum in campo libero, in quo ubilibet et cuilibet est licitum laborare et metallum quaerere, spatium ad argentifodinam occupat faciendam, statim hoc jure montanorum suum facit. Das Recht des

---

*) F. A. Schmidt chronolog. systematische Sammlung der Berggesetze der österreichischen Monarchie. Wien 1832. Th. I. S. 7.

ersten Finders wird, wie im Iglauer Bergrecht, bestimmt und ausdrücklich bemerkt: quisvis laneus septem mensuras quae vulgariter dicuntur Lachter in se continet. Der Urbarer hat das Recht der Zutheilung der Grubenfelder. Wollen aber die ursprünglichen Gewerken ihre Lehne vergesellschaften, so muß dies durch den Bergmeister einer jeden Grube geschehen, welchem der Eid durch den Urbarer abgenommen wird, und der nur aus der Zahl der Gewerken selbst gewählt werden soll, auch bei der Grube mit $\frac{1}{32}$ betheiligt sein muß. Die landesherrlichen Lehne sollen nur durch den ausdrücklich dazu bevollmächtigten Urbarer, aber nicht durch den Bergmeister, vergewerkschaftet werden. Gleichzeitig mit den 7 Lehnen ward nämlich 1 Lehn für den Landesherrn, 1 Laneus civilis und 1 Laneus dominorum vermessen. Was in medio duorum montium als superfluitates (Ueberschaar) bleibt, soll, non obstante Iglauensi constitutione, ad nostram urburam pertinere. Der Laneus civilis bezog sich auf die Stadt Kuttenberg; hätte das Gesetz eine allgemeine Anwendung für Böhmen gefunden, so würde er demjenigen Orte zugefallen sein, bei welchem der Bergbau betrieben ward. Die Urbar wird zum achten Theil des geförderten Erzes und das Recht des Grundbesitzers zu $\frac{1}{4}$ der Urbar und außerdem zu $\frac{1}{32}$ vom vermessenen Berge, als Ackertheil festgesetzt. Dies war also so viel als dem Grundbesitzer nach altem Bergwerksgebrauch durch das Iglauer Bergrecht und durch das Freiberger Recht zusammen eingeräumt worden war, indeß erklärt sich diese reichliche Entschädigung dadurch, daß der Grundbesitzer jedem vermessenen Berge nicht allein so viel Land zur Viehweide, als ein Mann mit einem Bogenschuß erreichen konnte, sondern auch 17 „areas" Land und alles auf dem vermessenen Berge stehende Holz unentgeldlich abtreten sollte. Diese Bestimmung scheint es besonders gewesen zu sein, welche dem, mit den Iglauer Bergwerksgewohnheiten sonst fast ganz übereinstimmenden Gesetz, dergestalt den Eingang erschwerte, daß es, wie schon erwähnt, niemals zur Anwendung gekommen ist. Die Stadt Kuttenberg ließ sich im Jahre 1329, also 49 Jahre nach dem Erscheinen des Gesetzes von 1280, durch den König Johann ihre alten, d. h. die Iglauer Gebräuche ausdrücklich bestätigen, wozu die Veranlassung wahrscheinlich nicht die durch das Gesetz von 1280 vorgeschriebene erhöhete Entschädigung für den Grundbesitzer, sondern die der Stadt entzogene Berggerichtsbarkeit gegeben haben dürfte, indem diese, nach dem Gesetz, nicht mehr von den Schöffen der Stadt, sondern von dem Urbarer, im Namen des Landesherrn, ausgeübt werden sollte.

Für die Ansicht, daß die Regalität des Bergbaues schon bis in das 8te Jahrhundert hinaufreiche und seitdem fortbestanden habe, pflegt man die etwa um das Jahr 812 erlassenen Capitularien Karls des Großen de villis imperialibus Art. 28 und 62, ferner die nicht einmal von Bestand gewesene Ländertheilung Ludwigs des Frommen unter seine Söhne im Jahre 817, die bekannte Constitution II. Feud. 56., durch welche der Bergbau im Jahr 1158 zu Mailand durch Kaiser Friedrich I. für Kaiserliches Regal erklärt worden sein soll, die Bestimmungen im Sachsenspiegel, etwa um das Jahr 1219, und endlich Karls IV. goldne Bulle im Jahr 1356, als Beweise anzuführen. Aus allen diesen Dokumenten und Urkunden läßt sich aber der Beweis nur dann führen, wenn man bei der Deutung und Auslegung ihres Inhalts die Bergwerksverfassung, wie sie in Deutschland durch Gebräuche und Gewohnheiten ausgebildet worden war und als wahres Gewohnheitsrecht nicht bloß beim Volk, sondern auch bei den Fürsten Anerkennung gefunden hatte, ganz unberücksichtigt läßt. Die Capitularien Karls des Großen *) enthalten nichts weiter als eine Anweisung an die Kammerbeamten, im ganzen Reich jährlich genaue, sorgfältig und übersichtlich angefertigte Listen über die Beträge der Einnahmen von den verschiedenen Gegenständen der Königl. Einkünfte einzureichen und diese Beträge in den Listen speziell nach den Gegenständen zu ordnen. Nur eine völlige Unkenntniß der damaligen Bergwerksverfassung, oder eine absichtliche falsche Auslegung der Königl. Verordnung, kann zu der Annahme führen, daß der Bergbau damals in Deutschland ein Königliches Regal

*) Capitulare apud Pertz, Monumenta Germaniae historica. T. III. p. 183. 185. . . . §. 28. Volumus, ut per singulos annos intra quadragesima, dominica in palmis, quae Osanna dicitur, juxta ordinationem nostram argentum de nostro laboratu, postquam cognoverimus de praesenti anno quanta sit nostra laboratio, deferre studeant . . . §. 62. . . . ut unusquique judex per singulos annos ex omni conlaboratione nostra quam cum bubus quos bubulci nostri servant, . . . quid de censis . . . quid de ferrariis et scrobis, id est fossis ferrariciis, vel aliis fossis plumbariciis . . . habuerint, omnia seposita, distincta et ordinata, ad nativitatem Domini nobis notum faciant, ut scire valeamus, quid vel quantum de singulis rebus habeamus.

gewesen sei. Eben sowenig können die Worte in der Charta divisionis imperii: De tributis vero et censibus vel metallis, quidquid in eorum potestate exigi vel haberi poterit, ipsi habeant . . . wenn man ihnen nicht absichtlich Zwang anthun will, zu dem Schluß führen, daß hier von einer Uebertragung des Bergregals in dem heutigen Sinne die Rede sei, indem selbst aus der Stellung der Worte hervorgeht, daß nur die Einkünfte von den Bergwerken gemeint sein konnten.

Die berühmte Mailänder Constitution von 1158 hat immer vorzugsweise als Beweis dienen müssen, daß Friedrich I. die Bergwerke für ein Kaiserliches Regal erklärt habe, indem unter den Regalien sich argentariae und salinarium redditus aufgezeichnet finden. Abgesehen davon, daß diese Constitution ursprünglich nur für Italien bestimmt war, läßt sich noch Folgendes gegen diese Ansicht anführen. Unter der Voraussetzung, daß der Ausdruck redditus nicht den Ertrag, d. h. nicht die baaren Ueberschüsse vom Betriebe der Salinen, sondern die fiskalischen Einkünfte von dem Salinenbetriebe bezeichnen soll, bemerken Diejenigen, welche in den Worten der Constitution zwar keinen Beweis für die Regalität der Salinen, wohl aber für die der Mineralien finden wollen, daß die betreffende Stelle nicht argentariae, sondern argentariarum et salinarum redditus hätte lauten müssen, wenn es wirklich nicht die Absicht des Kaisers gewesen wäre, die Bergwerke den Regalien zuzuzählen. Die geheime Absicht des Kaisers, — wenn er, woran doch zu zweifeln, wirklich eine solche gehabt haben sollte, — läßt sich freilich nicht errathen, sie ist indeß höchst unwahrscheinlich, theils, weil sich bei Radewich die Bergwerke und die Einkünfte von den Salinen gar nicht einmal besonders aufgeführt finden und vielleicht unter den von ihm genannten Vectigaliis begriffen sind, theils weil sich das angeblich beanspruchte Eigenthum der Bergwerke wenigstens auf die damals schon vorhandenen Bergwerke nicht erstrecken konnte, theils weil durch die Constitution auch später in der Bergwerksverfassung nichts geändert, sondern die Frohne nach wie vor als der eigentliche Gegenstand des Bergregals betrachtet ward *). Nächstdem ist nicht einzusehen, warum der Kaiser auf die Salinen einen geringeren Werth als auf die Bergwerke hätte legen sollen und warum er nicht, wenn die Wortstellung eine absichtliche gewesen wäre, mit demselben Federzuge auch die Salinen für ein Kaiserliches Regal hätte erklären, sich also des Ausdrucks argentariae et salinae bedienen können, wie er es, unter den damaligen Verhältnissen zu Mailand, füglich hätte thun können, wenn er für den Fiskus mehr hätte fordern wollen, als worauf er dem Herkommen nach Anspruch machen konnte.

---

*) In den ungarschen Decretalien von 1486 und 1492 (Wagner corp. juris metall. S. 171. 172.) wird ganz bestimmt gesagt: jus regale, seu urbura ad fiscum (oder auch juri regio) pertinentes. — In dem Stiftungsbriefe Markgraf Otto's des reichen zu Meißen, über das Kloster zu Alten Zelle vom 2. Aug. 1185. (Klotsch, Ursp. d. Bergwerke S. 306) heißt es: . . . Praeterea sciendum, cum ab imperio cujuslibet metalli proventum in nostra marchia beneficii jure suscepimus etc. . . . woraus hervorgeht, daß der Marggraf nur das Recht, die Abgaben vom Bergbau zu erheben, aber nicht das Eigenthum, als eine von dem Kaiser erhaltene Verleihung in Anspruch nimmt.

Es ist daher kaum daran zu zweifeln, daß nicht eine geheime Absicht, die unter den vorhandenen Verhältnissen nicht vorauszusetzen ist und der Kaiserlichen Gesinnung unwürdig gewesen sein würde, sondern lediglich eine zufällige Wahl des Ausdrucks bei der Redaction der Constitution, zu der gebrauchten Wortstellung Veranlassung gegeben hat. Wäre die Regalität des Bergbaues durch jene Constitution so entschieden ausgesprochen, daß darüber und über die Anwendung des Grundsatzes in Deutschland kein Zweifel bleiben konnte, so würden die Nachfolger des Kaisers und zugleich Könige von Böhmen, nicht in den Fall gekommen sein, mit den böhmischen Ständen Verträge über das Bergwerksregal abzuschließen. Andere Ausleger haben aus den in der Constitution gebrauchten Worten, die Regalität der Bergwerke und der Salinen abgeleitet, indem sie unter reditus salinarum nicht die fiskalischen Einkünfte von den Salinen, sondern den Ertrag oder Gewinn, den der Salinenbetrieb abwirft, verstanden wissen wollen. Man sieht wohl, daß der in der Constitution gebrauchte allgemeine Ausdruck jede beliebige Auslegung zuläßt, daß aber diejenige die richtigste ist, welche die Absicht im Auge behält, in welcher die Constitution erlassen ward, und diese Absicht war keine andere, als die Einkünfte zu bezeichnen und festzustellen, zu deren Erhebung der Kaiserliche Fiskus nach altem Herkommen und Gebrauch berechtigt war. Dennoch läßt es sich nicht läugnen, daß die späteren Ausleger jener Verordnung den Fürsten durch ihre willkührliche Deutung einen wesentlichen Dienst leisteten, indem sie aus der zufälligen Wortstellung, und unbekümmert um die damit im Widerspruch stehende vorhandene Bergwerksverfassung in Deutschland, das Eigenthumsrecht der Fürsten auf die Mineralien abzuleiten bemüht waren.

Bekannt genug ist die Stelle im Sachsenspiegel, aus welcher man ebenfalls die Regalität abgeleitet hat; sie lautet: alle Schätze unter der Erde begraben, tiefer denn ein Pflug gehet, gehören zu der Königlichen Gewalt. Silber mag auch kein Mann brechen auf des anderen Gut ohne des Willen des die Stätte ist. Giebt er ihm aber Urlaub dazu, die Voigtei bleibt doch seine darüber. — Daß unter Schätzen Bergwerke verstanden werden müssen, darf wohl vorausgesetzt werden. Nach den alten bergüblichen Gebräuchen mußte jeder Finder, oder jeder ursprüngliche Gewerke, seine Grubenlehne von dem Urbarer, oder von dem Bergmeister, oder überhaupt von der durch den Landesherrn zur Uebertragung des Eigenthums ernannten Person empfangen, eine Bestimmung, welche ursprünglich weniger deshalb getroffen war, um den Landesherrn wegen seiner Einkünfte vom Bergbau sicher zu stellen, als um dem Bergbaubetreiber selbst einen Besitztitel über sein Eigenthum zu verschaffen, weil das Zeugniß des Leihers bei Eigenthumsstreitigkeiten vor dem Gericht entscheidend war; deshalb schrieben die alten Rechte vor, daß jeder Leiher sich den merken solle, wem er ein Eigenthum übertragen habe. Der Verfasser des Sachsenspiegels hat daher unbezweifelt sagen wollen, daß zum sicheren Besitz der unterirdischen Schätze die Königliche Bestätigung erforderlich sei. Hätte er ein wirkliches Eigenthum des Landesherrn bezeichnen wollen, so würde dies mit dem Nachsatz im Widerspruch stehen, nach welchem ohne Erlaubniß des Grundbesitzers kein Bergbau unter dessen Grund und Boden getrieben werden soll. Ueberhaupt würde diese Bestimmung dann ganz unvereinbar mit der damaligen, in ganz Deutschland üblichen Bergwerksverfassung gewesen sein. Auffallend ist es auch, daß in den besseren Handschriften des Schwabenspiegels jene Stelle nicht zu finden ist. Der Verfasser des Schwabenspiegels mußte wohl Bedenken tragen, eine ihm selbst zweifelhafte oder dunkle Stelle aus dem Sachsenspiegel aufzunehmen. Da die alten Iglauer Bergwerks-Gebräuche schon zur Zeit der ersten Hälfte des 13ten Jahrhunderts in vollem Ansehn standen, und als Gewohnheitsrecht allgemeinen Eingang gefunden hatten, so wird wohl Niemand aus den Worten im Sachsenspiegel Argumente gegen die damals wirklich bestehenden und mit der größten Zuverlässigkeit nachzuweisenden Einrichtungen hernehmen wollen. Daß der Verfasser des Sachsenspiegels unter Voigtei, nach der Ansicht einiger Rechtslehrer, das dominium directum verstanden habe, scheint mir sehr zweifelhaft zu sein.

Man würde sehr irren, wenn man im Kap. IX. der goldenen Bulle des Kaisers Carls IV. *) den Beweis für die Regalität des Bergbaues finden wollte. Der Zweck dieser Constitution war nicht, über die Regalität der Mineralien zu

---

*) Praesenti constitutione in perpetuum valitura statuimus ac de certa scientia declaramus, quod successores nostri Bohemiae Reges, nec non universi et singuli Principes Electores, ecclesiastici et seculares, qui perpetuo fuerint, universas auri et argenti fodinas atque mineras stanni, cupri, plumbi, ferri et alterius cujuscunque metalli, ac etiam salis, tam inventas

entscheiden, sondern die Rechte der Kurfürsten, dem Reichsoberhaupt gegenüber, festzustellen. Wenn die Landesherren das Bergwerksregal nur aus den Bestimmungen in der goldenen Bulle ableiten wollten, so würden auch nur diejenigen Mineralien als Regalien zu betrachten sein, welche in der Constitution ausdrücklich genannt worden sind, obgleich später bekanntlich Steinkohle, Braunkohle, Alaun, Vitriol, Edelsteine, verschiedene andere Steinarten und sogar hier und dort die Steinbrüche in dem Verzeichniß der zur Regalität gehörenden Mineralien aufgenommen worden sind. Die goldene Bulle bestimmt durchaus nichts über die Regalität des Bergbaues in dem heutigen Sinne, sondern bloß über die Abgaben vom Bergbau, worauf der Kaiser für den Bergbau in den Kurfürstlichen Landesgebieten Verzicht leistet und sie den Kurfürsten überläßt, prout possunt seu consueverunt talia possideri, d. h. so gut als sie dieselben einziehen können oder als sie nach den bestehenden Gewohnheitsrechten bis dahin wirklich erhoben wurden. Den Kurfürsten wurden nicht allein die fodinae inveniendae, sondern auch die jam inventae zugestanden, welches nicht hätte geschehen können, wenn nicht über die Einkünfte vom Bergbau, sondern über die Regalität des Bergbaues selbst verhandelt worden wäre, indem sich

---

quam inveniendas, imposterum quisbuscunque temporibus in regno praedicto, aut terris et pertinentiis eidem regno subjectis, nec non supradicti principes in principatibus, terris, dominiis et pertinentiis suis tenere juste possint et legitime possidere, cum omnibus juribus, nullo prorsus excepto, prout possunt, seu consueverunt talia possideri.

vielleicht kein Beispiel auffinden läßt, daß zu jener Zeit in Deutschland ein Bergbau ausschließlich für landesherrliche Rechnung betrieben worden wäre. In ganz Deutschland ward, nach alter Gewohnheit, der Bergbau durch Gewerkschaften ausgeübt, die fodinae inventae waren also das Eigenthum der Gewerken, worüber keine Verfügung mehr zulässig war. Den Reichsfürsten mußte daran gelegen sein, die Zusicherung vom Reichsoberhaupte zu erhalten, daß sich dasselbe aller Eingriffe in die Erhebung der Abgaben von dem Bergbau in den Ländern der Reichsstände enthalten werde, und der Kaiser hoffte, als König von Böhmen, die böhmischen Stände durch diese Constitution zur Ueberlassung der Bergwerksabgaben zu bewegen. Also nicht das Eigenthum der Mineralien, sondern die von der Gewinnung derselben zu entrichtenden Abgaben, waren damals der Gegenstand des Bergregals und der Bestimmung durch die goldene Bulle.

Will man die Regalität des Bergbaues in Deutschland schon aus der frühesten Zeit desselben ableiten, so würde nachzuweisen sein, daß sie bis zu Anfange des 13ten Jahrhunderts statt gefunden habe, denn dies ist der Zeitpunkt, von welchem ab die Schemnitzer und Iglauer Gewohnheitsrechte, denen die Regalität fremd ist, sich über ganz Deutschland verbreiteten. Die Grundzüge dieser alten Bergwerksgebräuche und Gewohnheitsrechte haben sehr wahrscheinlich, obgleich es durch Urkunden nicht nachweisbar ist, schon lange vorher Eingang gefunden; wäre aber der König vor der Einführung derselselben im Besitz des Bergregals gewesen, so würde die freiwillige Entsagung eines solchen Rechts ein so wichtiges geschichtliches Ereigniß gewesen sein, daß nur ein sonderbarer ungünstiger Zufall uns die Kenntniß desselben entzogen haben könnte. Je weiter man den Zeitpunkt für ein solches Ereigniß zurück setzt, desto unwahrscheinlicher wird die Voraussetzung. Es ist bis jetzt noch nicht gelungen, irgend eine Urkunde aufzufinden, aus welcher zu erweisen wäre, daß dem Könige von dem auf Privatbesitz bis zu Ende des 11ten Jahrhunderts geführten Bergbau irgend eine Abgabe hätte entrichtet werden müssen, auch ist es nicht zu bestimmen, wann und wo die Fürsten oder der König zuerst eine Frohne vom Bergbau, welcher auf Privatgrundbesitz und nicht auf Kammergütern oder Domainengründen betrieben ward, erhoben haben. Dagegen fehlt es nicht an Beispielen, daß noch in ungleich späterer Zeit, Privatleute die Einkünfte von dem unter ihren Besitzungen geführten Bergbau bezogen, ohne daß dem Landesherrn oder dem Könige eine Abgabe davon entrichtet worden wäre. Ein Eigenthumsrecht des Königs oder des Landesherrn auf die Mineralien in jener Zeitperiode zeigt sich als eine in jeder Beziehung unhaltbare Voraussetzung. Ungleich mehr innere Wahrscheinlichkeit hat die Annahme, daß mit dem Rechte auch die Pflichten der Bergbautreibenden, sowohl gegen die Grundbesitzer, als gegen die Landesherren, durch die alten bergüblichen Gewohnheitsrechte eine bestimmte Richtung und Regel erhielten, wodurch zugleich ihre Verbreitung begünstigt und beschleunigt ward. Durch diese Bergwerksgebräuche wurden dem Landesherrn Rechte eingeräumt, welche sie durch ein aus dem landesherrlichen Willen hervorgegangenes Gesetz nicht leicht erlangt haben würden und die Besitzer der Oberfläche, denen schon an sich das Aufkommen des Bergbaubetriebes auf ihren Besitzungen wünschenswerth erschien, weil durch die Bergarbeiter die Erzeugnisse des Bodens einen reichlicheren und mehr gesicherten Absatz fanden, ließen sich die Anwendung der alten herkömmlichen Rechte ebenfalls gefallen, theils weil die dargebotenen Entschädigungen dem damaligen geringen Werth der Bodenerzeugnisse angemessen erschienen, theils weil sie sich, wenn sie wollten, bei dem Bergbau, zu dessen Betreibung die eigenen Mittel in seltenen Fällen zugereicht haben würden, mit betheiligen konnten, ohne Mühe und Kosten auf die Aufsuchung der Mineralien zu verwenden, indem die Schürfer, nach den alten Rechten, alle Kosten des Aufsuchens der Mineralien allein tragen mußten und der Grundbesitzer sich erst, wenn der Betrieb der Gruben wirklich begann, zu erklären brauchte, ob er seinen Ackertheil annehmen wolle. Durch jene Gewohnheitsrechte ward eine gewisse Norm für die Abgaben vom Bergbau gegeben, welche sogar die Folge hatte, daß Einkünfte, die früher von den Grundbesitzern erhoben wurden, ganz oder theilweise an den Landesherrn übergingen *).

*) Ein solcher Vertrag ward noch im Jahr 1407 zwischen dem Anarg von Walde und Hirach von Waldenburg Herrn zu Wolkenstein, und den Markgrafen zu Meißen, wegen der Bergwerke auf den Gütern der erstern, abgeschlossen (die Urkunde ist abgedruckt bei Klotsch Ursprung d. Bergw. in Sachsen S. 297). Nach dem Inhalt dieses Vertrages sollen die Markgrafen alle Gerichte und Rechte haben auf alle Gold- und Silber-Gänge auf allen Gütern mit 3½ Lehn ins Hangende und 3½ Lehn ins Liegende, und sollen ihre Bergmeister und Amtleute dahin eben so setzen, wie es auf des Markgrafen an-

Durch die Einführung der alten bergüblichen Gewohnheiten war eigentlich schon der erste Schritt zur Regalität des Bergbaues gemacht, hatte aber nur die Entrichtung einer geregelten Abgabe von dem Bergbaubetriebe an den Landes-

---

dern Bergwerken der Fall sey. Dagegen erhalten die Gutsbesitzer für sich und ihre Erben von dem Zehnten der Erzgewinnung auf ihren Gütern 2 Theile, die Markgrafen aber 3 Theile. Würden die Letzteren mehr als einen Haufen als Zehnten erheben, so sollen dem Gutsherrn von diesem Mehrbetrage ebenfalls 2 Theile zustehen. Sollte aber das Bergwerk dergestalt zum Erliegen kommen, daß es nicht mehr gebauet würde, so soll die Gerichtsbarkeit bis dahin, wo es etwa wieder in Aufnahme kommen sollte, an die Gutsbesitzer zurück fallen. — Daß unter der Markgrafen Bergwerke ein gewerkschaftlicher Bergbau in dem Markgrafthum Meißen verstanden wird, geht daraus hervor, daß die Markgrafen für eigene Rechnung keinen Bergbau betrieben haben. Der Gegenstand dieses Vertrags betraf ebenfalls nicht die Bergwerke, sondern nur den Bergwerkszehnten, den die Markgrafen bisher von den Gruben in der Herrschaft Wolkenstein nicht bezogen hatten. Dies ergiebt sich aus dem weiteren Inhalt der Urkunde, indem es heißt: Ouch sullen unser Liethe, die yczund allbereit buwen uf den gold und silber gengen uf unsern gütern, da bie blieben und wenne yr (der Markgrafen) Bergmeyster uf den Berg komit, so sullen sie die Lehn von ym empfaen, was aber ledig were und lege, das sal ir Bergmeyster lyhen also das gewonlich ist. — Wie die Besitzer der Herrschaft Wolkenstein lange Zeit hindurch in dem alleinigen und ungestöhrten Besitz der Abgaben von dem Bergbau auf ihren Gütern haben bleiben können, läßt sich nur durch die Annahme erklären, daß sie die unterirdischen Schätze als ihr Eigenthum betrachteten, und daß die Landesherrn von der ihnen durch die bergmännischen Gewohnheitsrechte zustehenden Befugniß der Erhebung des Zehnten nicht früher Gebrauch machten.

herrn zur Folge. Ein Eigenthumsrecht war ihm dadurch so wenig eingeräumt, daß vielmehr die unter den Kammergütern und unter den fiskalischen Ländereien befindlichen Erze hinsichtlich der Aufsuchung und der Vertheilung der Lehne eben so behandelt wurden, als die Erze, welche unter den Privatbesitzungen aufgesucht wurden. Durch die herkömmlichen Bergrechte erhielt der Landesherr nicht die mit dem Rechte der Grundbesitzer unverträgliche Befugniß, ein unterirdisches Eigenthum nach Belieben für sich zu behalten oder an Andere zu übertragen, sondern nur das Recht der Bestätigung eines nicht zu verweigernden Besitzes. Der zweite Schritt, durch welchen die Mineralien in das Eigenthum der Fürsten übergehen sollten, war zwar durch den ersten vorbereitet, allein er ist so langsam und schwankend erfolgt, daß er auch jetzt in den mehrsten deutschen Staaten noch nicht als vollbracht, oder als gesetzlich vollzogen, betrachtet werden kann. Schwerlich wird man vor dem Ende des 14ten Jahrhunderts ein Beispiel auffinden, daß sich die Landesherren das Eigenthum der Mineralien auf Privatbesitzungen angemaßt und eigenmächtig darüber disponirt hätten; aber auch selbst aus spätern Zeitperioden wird schwerlich eine Schenkungs- oder Verleihungs-Urkunde aufgefunden werden können, durch welche einem Vasallen die sogenannte Bergregalität, oder das Recht der Bestätigung, womit zugleich das Recht der Erhebung der Bergwerksabgaben verbunden ist, auf einem fremden, nämlich auf einem andern als seinem eigenen Territorio, eingeräumt und überlassen worden wäre.

Die Abgaben der Bergbaubetreiber an die Landesherren

hatten seit dem Anfange des 12ten Jahrhunderts durch Bergwerksgebrauch kaum eine feste Norm erhalten, als sich zwischen dem Kaiser und den Reichsständen auch schon Streitigkeiten darüber erhoben, wem das Recht zustehe, die Frohnen oder Zehnten vom Bergbau zu erheben. Immer wurden die Differenzen dadurch beigelegt, daß sich die Reichsfürsten, und später die Reichsunmittelbaren, mit der Bergregalität besonders belehnen ließen. Diese Verleihungen wurden niemals verweigert und von dem Kaiser gern ertheilt, indem sie nun aus Gnade bewilligten, was sie mit Gewalt schwerlich durchgesetzt haben würden. Gewöhnlich lauteten die Lehnbriefe: in verum ac perpetuum feudum concedimus omnes auri et argenti et aliorum metallorum fodinas quae in ipsorum terris et dominiis inventae sunt hactenus, seu repertae fuerint in futurum et ad nos et imperium ex antiquo jure pertinere dignoscuntur. Oder es wurden auch geradezu verliehen: quaecunque latent sub terra, sive sint venae salis, vel ferri, argenti, auri, vel cujuslibet metalli. Eine sehr große Zahl von Urkunden, Schenkungsbriefen und Lehnbriefen, enthält mit veränderten Worten immer dieselben Kaiserlichen Zusicherungen, woraus ganz mit Unrecht die Folgerung gezogen ward, daß die Schenkungen oder Verleihungen das Eigenthum der Mineralien zum Gegenstande gehabt haben, da doch nur die Nutzungen aus der Gewinnung derselben gemeint waren, auf welche der Kaiser verzichtete. Für die Regalität des Bergbaues sind diese Urkunden eben so wenig beweisend als die italienische Constitution von 1158, oder die goldene Bulle von 1356. Da die Kaiser nicht mehr verleihen konnten und verliehen, als was sie selbst besaßen, und da kein Zweifel darüber sein kann, daß die alten Bergwerksgebräuche noch im 15ten Jahrhundert die einzige Norm für die Bergwerksverfassung in Deutschland abgaben und die Stelle der nicht vorhandenen Bergwerksgesetze vertraten; so ist es nur einer absichtlichen Beflissenheit, oder einem wirklichen Mangel an Kenntniß der damals in Deutschland bestehenden Bergwerksverfassung zuzuschreiben: wenn man in späterer Zeit aus jenen Urkunden nicht das Nutzungs- und Bestätigungs-, sondern das Eigenthums- und das unbeschränkte Dispositionsrecht der Fürsten über die Mineralien hat ableiten wollen oder auch wirklich abgeleitet hat. Die Streitigkeiten zwischen dem Kaiser und den Reichsständen, denen die goldene Bulle, soweit es die Kurfürsten betraf, ein Ende machen sollte, bezogen sich immer nur auf die Ausübung eines hier und dort zwar finanziell ganz wichtigen, aber sonst sehr beschränkten Hoheitsrechtes und hatten auf die Bergwerksverfassung selbst nicht den geringsten Einfluß.

Außer dem im Jahre 1280 für Kuttenberg erlassenen Gesetz, dessen allgemeine Geltung für ganz Böhmen beabsichtigt ward, kennt man kein Bergwerksgesetz aus dem 13ten, 14ten und 15ten Jahrhundert, welches von irgend einem deutschen Fürsten für sein Land, oder auch nur für eine ganze Provinz seines Ländergebietes gegeben worden wäre, sondern nur Bergbefreiungen und Begnadigungen für einzelne Orte, bei denen Bergbau betrieben ward. Diese sogenannten Bergverordnungen enthalten jedoch nichts anderes, als was durch die alten Berggewohnheitsrechte schon längst von Iglau, Kuttenberg, Freiberg u. s. f. ausgegangen und was in Deutschland allgemeiner Bergwerksgebrauch geworden war. So ist auch die von Herzog Albrecht II. im Jahre 1336 oder 1346 für Steiermark gegebene Bergordnung (Sperges a. a. O. S. 281) nichts weiter als eine lokale Bergbegnadigung für den Bergbau zu Zeiring, welche für ganz Steiermark Geltung haben sollte und nur die alten Berggewohnheitsrechte in der Form einer landesherrlichen Verordnung wiederholt. — Aus dem 15ten Jahrhundert ist eine große Anzahl von sogenannten Bergpatenten vorhanden, durch welche jedem Bergbaulustigen freies Aufsuchen und Schürfen nach Mineralien zugesichert wird. Aus solchen Patenten hat man, wegen der Form, in welcher sie eingekleidet sind, die Regalität des Bergbaues erweisen wollen; aber sie enthalten nur Aufforderungen zu Bergbauunternehmungen nach altem Bergwerksgebrauch, welche man dadurch zu befördern hoffte, häufig auch wohl Zusicherungen von Belohnungen für den ersten Finder, außer seinem Finderrecht. Nicht ein einziges Beispiel ist aufzuweisen, daß ein Fürst das alte Gewohnheitsrecht des frei erklärten Bergbaues aufgehoben habe. Die älteste bekannte, von dem Landesherrn ausgegangene Bergverordnung in Sachsen, ist (nach Beyer's Zeugniß, Otia metall. I. 23.) Churfürst Ernstens und Herzog Albrechts zu Sachsen Ordnung auf dem Schneeberg, Mittwochs nach Martini 1479. Von den Bestimmungen der Gewohnheitsrechte nicht abweichend, findet sich darin zuerst die Vorschrift, daß die Gewerken halbjährig Rechnung ablegen sollen, ohne Zweifel um die Ueberzeugung zu erhalten, daß die landesherrlichen Abgaben vom Bergbau gehörig entrichtet würden. Die Entstehung dieser Bergverordnung geht ganz klar aus den Urkunden hervor, die Klotsch (Ursprung der Bergwerke in Sachsen, S. 278 u. f.) mitgetheilt hat. Die Landesherrn forderten im Jahr 1478 von dem Rath zu Freiberg eine Abschrift von dem Freiberger Bergbuch, welche nach Dresden übersendet ward. Dort eingetroffen zeigte sich, daß man die Bestimmungen der alten Rechtsgebräuche nicht sämmtlich zu deuten wußte, weshalb der Rath Befehl erhielt „zwei der saczunge und stucke des Bergrechts verstendige" nach Dresden zu bescheiden. Die landesherrliche Verordnung, welche im folgenden Jahr erschien, war, ihrem wesentlichen Inhalt nach, nichts weiter als das alte Gewohnheitsrecht des Freiberger Bergschöffenstuhls, welches jetzt in der Form eines positiven Gesetzes erlassen ward.

Ungeachtet daher durch kein Bergwerksgesetz die alte deutsche Bergwerksverfassung bis zu Ende des 15ten Jahrhunderts abgeändert worden wäre, kommen doch schon im 14ten und 15ten Jahrhundert einzelne Beispiele vor, daß die anlockenden Ideen von absoluter Herrschergewalt nach römischem Recht auch auf die Verfassung bei dem Bergbau Eingang gefunden hatten und daß die Ansicht der Rechtslehrer, wonach die Regalität des Bergbaues nicht bloß in der von dem Bergwerksbetriebe zu erhebenden Frohne, sondern in einem wahren Eigenthumsrechte der Fürsten bestehe, sich nach und nach verbreitete. Vielleicht das älteste Beispiel dieser Art gab Friedrich, Landgraf zu Thüringen und Marggraf zu Meißen, im Jahr 1320 (Olia metallica I. 297), indem er dem Abt zur Zelle und dessen Mitgewerken das Recht zum Bergbaubetriebe, mit Vorbehalt des landesherrlichen Zehnten und unter der Bedingung den Bergbau nach altem Gebrauch zu betreiben, innerhalb eines gewissen Districts einräumte. Ein Widerspruch war aus dieser Bevorrechtung zwar nicht zu erwarten, weil das eingeräumte Gebiet eine landesherrliche Domaine war, indeß ward durch diese Verleihung doch eine Ausnahme von den Gewohnheitsrechten gemacht, weil der District zwar der allgemeinen Bergbaufreiheit nicht entzogen, aber dem Abt und seinen Mitgewerken schon ein, den alten Bergwerksgebräuchen unbekanntes Vorrecht eingeräumt war, welches ein dem Landesherrn zustehendes Dispositionsrecht voraussetzte. — Ein zweites, dem vorigen ganz ähnliches Beispiel findet sich im Jahr 1459, indem der König Georg von Böhmen dem Nicolaus v. Lobkowitz und dessen Sohn auf Lebenszeit die Erlaubniß ertheilte, 3 Meilen im Umkreise seines Schlosses Hassenstein auf Gold und Silber zu bauen (Schmidt, Sammlung der Berggesetze der österreich. Monarchie. I. 137). Wem der Grund und Boden gehörte, ist in der Urkunde nicht bemerkt, aber auch gleichgültig, weil die Abweichung von den bestehenden bergüblichen Gebräuchen immer dieselbe bleibt; fremdes Privateigenthum scheint jedoch in dem abgemarkten Bezirk nicht vorhanden gewesen zu sein. — Noch mehr im Widerspruch mit den bestehenden Bergwerksgebräuchen war die im Jahr 1477 von Albrecht IV., Pfalzgrafen bei Rhein und Herzog von Baiern, einer Regensburger Berggesellschaft auf kurze Zeit eingeräumte Befugniß, 3 Meilen um Regensburg, mit Ausschluß anderer Personen, Schurfarbeiten zu betreiben, obgleich die gefundenen Mineralien demnächst nach altem Bergwerksgebrauch gebaut werden sollten (Lori a. a. O. S. 104). — Ganz ausgenommen von der Bergbaufreiheit ward im Jahr 1478 durch den Kurfürsten Philipp zur Pfal zein der Familie von Hirschberg überwiesenes, theils zu den Lehnsgütern derselben, theils zu den Domainen des Kurfürsten gehörendes Terrain, mit Vorbehalt des zehnten Theils der gewonnenen Erze und mit dem ausdrücklichen Beifügen, daß außer denen von Hirschberg das Recht, in jenem Terrain Erze zu suchen und zu gewinnen, Niemand zustehen solle, der von ihnen nicht dazu die Erlaubniß erhalten habe. Diese Verleihung erstreckte sich zwar nur auf die Lehnsgüter der Familie von Hirschberg und auf die Kammergüter des Kurfürsten, so daß dadurch die Rechte eines Dritten nicht gekränkt wurden, allein es gewährte dem Empfänger größere Rechte, als der Kurfürst nach der bestehenden Bergwerksverfassung selbst besaß. Zu Ende des 15ten, besonders aber im Lauf des 16ten Jahrhunderts, kommen häufig Kaiserliche Verleihungen des Bergregals an die Reichsunmittelbaren, auch wohl an einzelne mächtigere Landstände auf deren Privatbesitzungen oder Lehnsgütern in den Kaiserlichen Provinzen, so wie von den Reichsfürsten an die von höherem Adel für ihre Besitzungen in dem landesherrlichen Gebiet, vor; allein die Bergbauverfassung blieb dabei unverletzt, weil den Reichsfürsten oder den Vasallen durch die Verleihungen größere Rechte nicht übertragen wurden, als die Lehnsherrn zur Zeit der Ausstellung der Lehnbriefe selbst besaßen, so daß solche Verleihungen nur als Beweise besonderer landesherrlicher Gnade zu betrachten sind, aber über die Regalität des Bergbaues nicht entscheiden, wenn, wie es immer der Fall war, in der Bergwerksverfassung nichts geändert ward. So ward auch durch den Bergwerksvertrag zwischen dem Kaiser Ferdinand I. und den böhmischen Ständen vom 1sten April 1534, bestätigt und näher bestimmt durch den Vertrag mit Maximilian II. unterm 18ten September 1575 (Schmidt a. a. O. I. 168. III. 293), die alte Bergwerksverfassung aufrecht erhalten, indem durch diese Verträge nur das Recht der Bestätigung des gewerkschaftlichen Grubeneigenthums nach altem Gebrauch ganz, und das Recht der Frohnerhebung vom Bergbau theilweise, von dem Kaiser auf die höheren Stände überging. Die Stände erhielten hier, durch ihren standhaften Widerspruch, vertragsmäßig, was einigen Vasallen in anderen Provinzen aus reiner landesherrlicher Gnade bewilligt ward. Nur für den minder mächtigen Adel, für die Bürger und Bauern, welche die gleichen Ansprüche mit gleichem Erfolge nicht geltend machen konnten, blieb das Bestätigungsrecht und die Erhebung der Frohne vom Bergbau in den Händen des Landesherrn, als dessen Regal. — Anders verhält es sich aber mit den oben erwähnten, der Familie von Hirschberg eingeräumten Gerechtsamen, durch welche die Beliehenen ein ausschließliches Recht zum Bergbau, wenn auch nur auf eigenen Besitzungen, erhielten. Mogte dies alios excludendi jus für den Beliehenen, wenn der Landesherr sich die Steuern vom Bergbau vorbehielt, immerhin einen weit geringeren Werth haben, als die volle Uebertragung der landesherrlichen Rechte, so war die letztere doch kein Eingriff in die bestehende und durch kein Gesetz abgeänderte Verfassung, wogegen das Gewohnheitsrecht durch das von dem Landesherrn ertheilte jus excludendi gänzlich vernichtet ward. Solche Machtsprüche, die anfänglich nur in Fällen ertheilt wurden, wo Widersprüche nicht zu besorgen waren, indem erworbenen Rechten nicht zu nahe getreten ward, waren ganz dazu geeignet, sich nach und nach mit der Ansicht vertraut zu machen, daß das den Fürsten zustehende Bergregal nicht bloß in dem unbestrittenen Recht der Steuernerhebung und in dem Recht der Bestätigung, sondern in dem Recht des Eigenthums und der freien Disposition über die Mineralien bestehe.

Sehr wahrscheinlich sind indeß, mehr als die Fürsten selbst, deren Beamten, um ihren Einfluß und ihr Ansehen zu erhöhen, bemüht gewesen, die Ansicht mehr und mehr zu verbreiten, daß den Fürsten ein wirkliches Eigenthumsrecht zukomme und daß sich die Gewerken der unbeschränkten Disposition der landesherrlichen Bergwerksbeamten zu unterwerfen hätten, denn nicht bloß bis zu Ende des 15ten Jahrhunderts, sondern noch ungleich später, kommen nur selten Beispiele vor, daß durch Machtsprüche der Regenten einzelne Bezirke durch persönliche Gnadenbezeugungen der ursprünglichen und Deutschland eigenthümlichen allgemeinen Bergbaufreiheit entzogen worden wären. Der Kaiser Maximilian gab im Jahre 1490 einen überzeugenden Beweis, wie weit er davon entfernt sei, sich als den unbeschränkten Herrn der Mineralien anzusehen, dadurch, daß er sich bei den Bergwerken zu Schwatz, welche damals in höhem Flor standen, nach altem Bergwerksgebrauch durch den dortigen Bergmeister eine Grube zutheilen ließ *). In der ersten bekannten

*) Bei dem Tarnowitzer Bleibergbau in Oberschlesien bauten die Lan-

und vielleicht ältesten Bergordnung, die für ein ganzes reichsständisches Land Geltung hatte, in der Salzburgischen Bergordnung vom Jahr 1477, ist nichts zu finden, was nur im mindesten auf Regalität des Bergbaues bezogen werden könnte (Lori a. a. O. S. 104); sie setzt die Rechte des freien Schürfens voraus und enthält keine den alten Gewohnheitsrechten widersprechenden Bestimmungen. — Der Kaiser Rudolph II. war sogar genöthigt, unterm 5ten Februar 1577 eine Verordnung gegen das dem herkömmlichen Gebrauch entgegenstehende Verfahren der Schlesischen Grundbesitzer zu erlassen,

desherrn zu Anfange des 16ten Jahrhunderts gemeinschaftlich mit den anderen Gewerken und mutheten ihre Schächte in derselben Art wie diese, wenn sie den Bau ohne Mitgewerken betrieben. Unterm 13ten Januar 1534 wird ein Hans Emich als Lehnträger einer Grube genannt, bei welcher der Markgraf Georg mit 4 Achteln, die Fürstin Anna zu Teschen mit 2 Achteln, der Leonhard v. Gendorf mit 1 Achtel und der Hans Emich mit 1 Achtel betheiligt waren. — Bei einer anderen Grube hatte der Marggraf 6 Achtel, Hans Emich 1 Achtel und Georg Wieche 1 Achtel. — Noch im Jahr 1609 war der Marggraf Johann Georg mit 40 Kuren bei dem St. Jacobi-Stollen betheiligt, indem er sich als Mitgewerke aufnehmen ließ. Es ist keine Spur davon zu finden, daß der Landesherr das Bleierz als sein Eigenthum in Anspruch genommen, oder auch nur ein Vorrecht vor anderen Gewerken verlangt hätte. Das landesherrliche Recht beschränkte sich auf Erhebung des Zehnten, worüber außerdem, wenn der Bergbau auf Privatgründen betrieben ward, besondere Verträge abgeschlossen wurden, was allerdings als eine besondere Gnade des Landesherrn angesehen werden muß, da derselbe, schon nach den Bestimmungen der alten Bergwerksgebräuche, die Steuer vom Bergwerksbetriebe allein zu erheben hatte.

sich dem freien Schürfen nicht zu widersetzen (Wagner, corp. jur. met. S. 1297) und dieses Verbot durch das General-Mandat vom 26sten Novbr. 1606 (Wagner, a. a. O. S. 1318) zu erneuern. Hier waren es nicht die Fürsten, sondern die Gutsbesitzer, welche die alten bergüblichen Gewohnheitsrechte nicht anerkennen wollten und die Kaiserlichen Verordnungen, welche man absichtlich, oder aus Irrthum, als Zeugnisse für die Regalität des Bergbaues anführt, hatten keinen andern Zweck, als die herkömmlichen Rechte aufrecht zu erhalten.

Obgleich bis zu Ende des 15ten Jahrhunderts kaum schon ein landesherrliches Bergwerksgesetz von allgemeiner Gültigkeit für ein ganzes reichsständisches Gebiet erschienen war, sondern nur die alten Gewohnheitsrechte für jeden lokalen Bergbau bestätigt wurden, so hatten sich doch nach und nach, und wahrscheinlich erst in der zweiten Hälfte des 15ten Jahrhunderts, Einrichtungen hinsichtlich der Verwaltung des Bergbaues ausgebildet, welche durch langsame und allmälige Uebergänge das Verwaltungs- und Bestätigungsrecht der Fürsten stillschweigend, und ohne alle gesetzliche Bestimmung, in ein Eigenthums- und Dispositionsrecht übergehen ließen. Die Erfolge dieser Bestrebungen der landesherrlichen Beamten gaben sich in den Bergordnungen kund, welche zu Anfange des 16ten Jahrhunderts in großer Menge und fast von jedem Reichsstande erlassen wurden. Die Einsetzung des Reichskammergerichts im Jahre 1495 und der nun allgemein gewordene Eingang der römischen Rechtslehren kann mit jenem Ereigniß vielleicht in Verbindung gesetzt werden; verbreitet ward aber die Lehre von dem unbedingten Eigenthumsrecht unbezweifelt durch die Bergwerksbeamten, theils aus Eitelkeit, theils aus der reinen und wahrhaften Ueberzeugung, daß der Aufnahme oder dem Fortbestehen des Bergbaues dadurch ein wesentlicher Dienst geleistet werde, wie es zu jener Zeit auch wirklich der Fall gewesen sein mag. Die Gewerbsamkeit der damaligen Zeit beschränkte sich fast nur auf den Landbau, die Viehzucht, den Bergbau und auf Metallarbeiten; technische Kenntnisse waren wenig verbreitet; Unternehmungsgeist nicht vorhanden und dem Einzelnen fehlten auch die zu bedeutenden Bergbau-Unternehmungen erforderlichen Mittel. Die Bevormundung der Bergbautreibenden durch die landesherrlichen Behörden findet daher für die damalige Zeit, und sobald nicht der Maaßstab unseres heutigen gesellschaftlichen Zustandes angelegt wird, völlige Rechtfertigung, wenn auch nicht zu läugnen ist, daß, ohne alle Beeinträchtigung für das Bestehen des Bergbaues, derselbe Zweck vollständig zu erreichen gewesen wäre, wenn die natürlichen und durch kein Argument zu entkräftenden Rechte der Grundbesitzer durch zweckmäßigere Bestimmungen in einer andern Art berücksichtigt und gewahrt worden wären, als es damals geschehen und auf unsere Zeit fortgeerbt ist.

So viele Bergordnungen auch im 16ten Jahrhundert erlassen wurden, die sämmtlich einerlei Form und ein und dasselbe Gepräge an sich tragen und sich nur durch unwesentliche, mehr durch die Laune des Gesetzgebers veranlaßte, als durch innere Gründe gerechtfertigte und hervorgerufene Bestimmungen unterschieden, so wenig findet sich in einer einzigen derselben die Regalität des Bergbaues geradezu ausgesprochen.

Nicht einmal aus dem Inhalt der gesetzlichen Vorschriften würde sich jener Grundsatz heraussinden lassen, wenn man sich nicht durch die formelle Einkleidung absichtlich täuschen will, indem die Bestimmungen der Bergwerksgebräuche, welche in den alten Rechten unter landesherrlicher Bestätigung Gültigkeit erhalten hatten, in den Gesetzen als der Wille des Regenten, oder als ein positives Gesetz erscheinen. Die alte Bergwerksverfassung ward durch die Bergordnungen nicht verletzt oder in ihren wesentlichen Grundzügen abgeändert, denn die Freiheit des Schürfens nach Mineralien ward aufrecht erhalten und das uralte Recht des ersten Finders blieb unangetastet. Was durch die Gnade des Regenten einem Einzelnen ausnahmsweise zu Theil werden mogte, ist in allen Bergordnungen unberücksichtigt geblieben, eben weil solche Gnadenbezeugungen nur als Uebertragungen der landesherrlichen Rechte auf den Begnadigten anzusehen waren, wodurch in der Verfassung des Bergbaues an sich nichts geändert ward.

Das Alter der Bergwerksgesetzgebung in Deutschland kann nicht weiter als bis zum Anfange des 16ten Jahrhunderts fortgeführt werden, weil bis dahin die alten Bergwerksgebräuche maaßgebend geblieben sind. Unter der großen Anzahl von Bergordnungen aus jener Zeitperiode finden sich aber etwa nur vier, die Fürstlich Schwarzburgsche vom 9ten Februar 1533, die Oberpfälzische vom 22sten Februar 1548, die Churtriersche vom 22sten Juli 1564 und die Churpfälzische vom 15ten März 1619 — in welchen sich eine Floskel eingeschoben findet, woraus allenfalls eine Absicht, die Regalität des Bergbaues auszusprechen abgeleitet werden mögte.

Diese Floskel, welche aus der einen Bergordnung in die andere wörtlich übertragen ist, lautet: dieweil Kraft der Regalien Bergwerk sollen und mögen gesucht werden und Bergwerk der Regalien eines ist, so soll Niemand verhindert werden, ein Bergwerk zu suchen u. s. f. Die Freiheit des Suchens entsprang aber nicht erst aus der Regalität, sondern sie war längst auf uralten Gewohnheitsrechten begründet und die Floskel bildete daher eine überflüssige Eingangsformel. Aus demselben Grunde ist auch auf die Fassung in zwei andern Bergordnungen, in der für Oesterreich, Steiermark, Kärnthen und Krain vom Jahr 1517, und in der für Salzburg vom Jahr 1532, worin es heißt: Es sollen Uns als Herrn alle Obrigkeit in allen Unseren Landen wo Bergwerk sein oder noch erstehen, ohne alles Mittel zustehen u. s. f. kein Gewicht zu legen, weil durch die alten Bergwerksgebräuche die Regalität in jenem Sinne schon seit Jahrhunderten anerkannt war. In den mehrsten von den vielen Bergordnungen wird entweder die Freiheit des Schürfens vorausgesetzt und bestimmt, daß der Bergmeister bergläuftigerweise und nach Ausweisung der Bergrechte Bergwerk verleihen soll, oder es heißt auch wohl als Eingangsformel: dieweil das Schürfen frei steht, oder: dieweil durch das Schürfen die Gänge und Berggeschicke erkundigt werden, oder es wird geradezu geboten, daß Niemand sich dem nach Bergwerks Recht und Gewohnheit freien Schürfen widersetzen soll.

Die Rechte des ersten Finders wurden verschieden festgestellt, in den mehrsten Bergordnungen ward eine Fundgrube von 42 Lachtern Länge — also übereinstimmend mit den 7 Lehen, — und eine Vierung von $3\frac{1}{2}$ Lachter in das Hangende und Liegende, oder überhaupt von einem Lehen, wie es in einigen Gegenden vor uralter Zeit üblich war, beibehalten. Das Recht der Grundbesitzer erhielt große Beschränkungen. Viele Bergordnungen bestimmten dafür das alte Ackertheil ($\frac{1}{32}$, oder 4 Erbkuxe, nach der neueren Eintheilung der Zechen in 128 Kuxe) mit dem Hinzufügen, daß der Grundbesitzer, wenn er die 4 Erbkuxe für seine Rechnung nicht mitbauen wolle, einen Kux, oder auch deren 2 frei gebaut erhalten solle, dafür aber, wenigstens nach einigen Bergordnungen, das zum Bergbau erforderliche Holz zu liefern verpflichtet ward. Durch andere Bergordnungen ward er auf Ersatz des durch den Bergbau angerichteten Schadens verwiesen. Solche Bestimmungen lassen allerdings deutlich erkennen, daß man die Grundbesitzer für das entzogene Eigenthum so gut wie unentschädigt lassen wollte, um den Bergbau zu begünstigen und denselben auf Unkosten der Grundbesitzer, aber nicht durch Ermäßigung der Abgaben an die Staatskassen, in Aufnahme zu bringen. Das Eigenthumsrecht selbst hatten die Grundbesitzer durch das allgemein anerkannte Recht des Suchens nach Mineralien und durch das Recht des ersten Finders längst verloren, es konnte ihnen also durch die Bergordnungen nicht noch einmal entzogen werden. Die Pflicht der Gesetzgeber wäre es dagegen gewesen, die Entschädigung nicht kärger, sondern reichlicher als nach den alten Bestimmungen festzustellen, oder ihnen andere, der Entbehrung ihres natürlichen Rechts angemessene Vorzüge einzuräumen, um den zunehmenden Werth des Eigenthums der Oberfläche mit dem Verlust des unterirdischen Eigenthums in ein richtigeres Verhältniß zu bringen. Die alten bergüblichen Gewohnheiten gaben aber scheinbar ein Recht zu so harten Bestimmungen, die zwar nicht selten zu einer Opposition der Grundbesitzer geführt haben, jedoch ohne Erfolg, weil der mächtigere Adel sich durch Verträge oder durch Gnadenbewilligungen zu schützen wußte, der minder mächtige Adel und die anderen Stände aber keine Vertreter fanden.

Der durch die Bergordnungen angeordnete Rückfall des Grubeneigenthums an den Staat, für den Fall, daß den Vorschriften des Gesetzes nicht Genüge geleistet werde, war kein Ausfluß landesherrlicher Macht, oder eine aus dem Willen des Gesetzgebers hervorgegangene Bestimmung, sondern ein in den Vorschriften der alten Gewohnheitsrechte begründetes Verfahren.

Früher zwar schon vorbereitete, nun aber zum Gesetz erhobene Bestimmungen über die Verwaltung der Gruben, waren die wesentlichen Veränderungen, welche die Bergwerksverfassung seit dem Ende des funfzehnten Jahrhunderts erfahren hat. Sehr zweckmäßige Maaßregeln zur Sicherstellung des Besitztitels wurden durch Einführung der Bergbücher getroffen. Da man sich aber nicht mehr darauf beschränkte, die Lehne, oder die Gesammtzahl derselben, welche als eine Grube betrachtet ward, in die Bergbücher einzutragen, sondern auch die ideellen Theile einer jeden Grube, deren in der Regel 128 vorgeschrieben waren, als ein unbewegliches Gut behandelte; so ward dadurch die Last der Verwaltung des Bergwerkseigenthums durch den Staat außerordentlich erhöhet und diese Last ist, als ein die freie Bewegung des Grubeneigenthums hemmendes und erschwerendes Erbtheil, auf die heutige Zeit übergegangen.

Die Früchte des Bergbaues wurden von der Genossenschaft nach altem Gebrauch auf die einfachste Weise in der Art genossen, daß das gewonnene Erz nach Maaßgabe der Antheile, die jeder Theilnehmer bei den Gruben besaß, vertheilt ward, nachdem der Frohntheil in Abzug gebracht worden war. Diese Einrichtung ward, seit dem Anfange des 16ten Jahrhunderts, durch die Bergordnungen dahin abgeändert, daß die Erze für gemeinschaftliche Rechnung verschmolzen und die gewonnenen Metalle für die Gesammtrechnung der Genossenschaft verkauft werden mußten. Der Ueberschuß der daraus entspringenden Einnahme über die Ausgaben, zu welchen letzteren der Betrag des Zehnten hinzugefügt ward, bildete den Ueberschuß, woraus die an die Gewerken, nach Verhältniß ihrer ideellen Antheile zu vertheilende Ausbeute entnommen ward. Wenn der Bergbau Zuschuß erforderte, so mußte jeder Theilnehmer den auf seinen ideellen Antheil fallenden Betrag als Zubuße einzahlen. Die Rechnungsführung soll unter der Aufsicht der verwaltenden Behörde erfolgen, welche, wegen des dem Landesherrn zustehenden Zehnten, nicht bloß die Befugniß, sondern die Verpflichtung hat, jede einzelne Einnahme und Ausgabe zu prüfen. Durch dieses Eingreifen der Behörden in die Rechnungslegung, wurden die Gewerkschaften dergestalt beschränkt, daß ihnen die Befugniß: die gewonnenen Producte zu verkaufen und die zum Bergwerksbetriebe erforderlichen Materialien anzukaufen, nicht mehr zustand, wenn die Behörde zu den Verkaufs- und Ankaufspreisen nicht die Genehmigung ertheilte und von der Beschaffenheit der anzukaufenden Materialien zuvor Kenntniß genommen hatte. Die ratio legis ist in der Hessischen Bergordnung vom 3ten Juni 1543 mit den Worten angegeben: „Nachdem auch gebräuchlich, und im Haus Sachsen wo Schieferbergwerk ist, üblichen, daß die Factors und Hüttenmeister eine Jahresrechnung dem Landesfürsten in die Cammer antworten müssen, So wollen Wir solches auf Unseren Bergwerken auch gehalten haben, damit wir Uns darob zu sehen haben, Wie dem fremden Mann sein Gelt auff Unserem Grund und Bergstetten verbauet wird."

Die Bestimmung der Löhne für die Bergarbeiter erfolgte nach altem Bergwerksgebrauch in der Art, daß die Gewerken die Gedinge abschlossen, der Bergmeister aber die Bestätigung ertheilen mußte; eine Einrichtung, welche aus dem Grunde getroffen war, damit die Arbeiter durch die Gewerken nicht bedrückt werden sollten. Die Arbeiten selbst wurden durch die von den Gewerken dazu ernannten Beamten angeordnet und ausgeführt und die landesherrlichen Beamten hatten darauf zu sehen, daß ein regelrechter und nützlicher Bau geführt werde *). Durch die seit dem Anfange des 16ten

*) In der Münsterbergischen Bergfreiheit vom Jahr 1484 wird noch festgesetzt, daß neben den von den Gewerken gewählten Bergmeister und Geschwornen, ein Hof-Bergmeister gesetzt und gehalten werden soll.

Jahrhunderts erlassenen Bergordnungen ward aber bestimmt, daß der Grubenbetrieb gänzlich durch die landesherrlichen Beamten geleitet werden solle, obgleich eben diese Bergordnungen noch gegen die Gewerken gerichtete Verbote enthalten, einen ungeregelten Bau in ihren Gruben zu führen, ganz im Widerspruch mit der in dem Gesetz ertheilten Vorschrift, daß die Gewerken den Betrieb ihrer Gruben den landesherrlichen Beamten überlassen und sich gar nicht darum bekümmern sollen. Es gehört nicht hierher, die Zweckmäßigkeit dieser Einrichtungen, durch welche der Staat die vollständige Disposition über den im Bergbau angelegten Theil des Vermögens der Gewerken erhielt, oder eigentlich den Bergbau mit fremdem Gelde betrieb, ohne sich der Gefahr eines möglichen Zuschusses oder Verlustes auszusetzen, zu beurtheilen. Das Urtheil würde für jene Zeitperiode nothwendig anders ausfallen, als für den jetzigen Zustand der gesellschaftlichen Verhältnisse, bei welchen es allerdings Verwunderung erregen muß, daß diese nun schon viertehalb Jahrhunderte bestehenden Einrichtungen, obgleich sie sich schon überlebt haben, noch nicht auf eine angemessene Weise verändert worden sind. Aber sehr einleuchtend ist es, daß diese Bestimmungen mit dazu beitragen mußten, die juristischen Ansichten von der Regalität des Bergbaues zu verbreiten und zu befestigen. Solche Ansichten wurden nach und nach, wenn gleich anfänglich noch nicht mit besonderem Erfolge und Nachdruck, durch die Bergordnungen eingeleitet. In den Bergordnungen aus dem 16ten Jahrhundert läßt sich indeß davon nur ein Beispiel auffinden, denn obgleich die Rudolphinische B. O. für Schlesien vom 5ten Februar 1577 von dem freien Schürfen und Bauen nach Bergwerksgebrauch das Salz ausnimmt, „welches Uns, als der hohen privilegirten Mineralien eines, allein zuständig“; so liegt doch gerade in dieser Ausnahme die Anerkennung, daß es für die anderen Mineralien bei den hergebrachten Gewohnheitsrechten verbleiben solle und daß die bei dem Salz gemachte Ausnahme durch andere Verhältnisse, deren Erörterung nicht hierher gehört, veranlaßt ward. Dagegen wurden durch die Rudolphinische B. O. für die Grafschaft Glatz vom 24sten März 1578 eigenmächtig Alaun, Vitriol und Eisen vom freien Aufsuchen und Gewinnen ausgeschlossen und deren Gewinnung einer speziellen Genehmigung durch die Kaiserliche Kammer ausdrücklich vorbehalten, angeblich weil dadurch zu viel Holz verschwendet werde, in Wahrheit aber, um den Böhmischen Ständen willfährig zu sein, damit die Böhmischen Erzeugnisse von Alaun, Vitriol und Eisen in der Grafschaft einen Absatz finden mögten. Dies ist das erste Beispiel einer durch den Landesherrn ausgesprochenen freien Disposition über die Mineralien, welches sich im 17ten Jahrhundert wiederholte und sich am bestimmtesten in der Markgräflich Brandenburgischen B. O. vom 1sten Dezember 1619 ausspricht, welche mit Hinweisung auf Kaiserliche und Königliche Freiheit und Confirmation ein freies Suchen und Bauen gestattet und dieses Recht auf alle Mineralien „Schiefer-, Mühl- und Feuersteine nicht ausgenommen“ ausdehnt, aber ausdrücklich festsetzt, daß nur allein das Eisenerz den Grundherren verbleiben solle. Die Regalität läßt sich hier zwar ebenfalls nur auf die Bergwerksabgaben und auf das Bestätigungsrecht beziehen, — denn weiter hatte der

Kaiser nichts verliehen, weil er selbst die Regalität in einem größeren Umfange nicht besaß, — und dann wäre die Ausnahme bei dem Eisenerz als eine landesherrliche Gnade zu betrachten, indem auf den Zehnten davon Verzicht geleistet ward; indeß zeigt gerade diese Ausnahme, daß der Marggraf, ohne es ausdrücklich auszusprechen, ein Eigenthums- und Dispositionsrecht über die Mineralien voraussetzte. — Die schon im Laufe des 16ten Jahrhunderts vorbereitete und im 17ten Jahrhundert weiter verfolgte Absicht, nicht mehr die Abgaben vom Bergbau, sondern die Mineralien selbst zum Gegenstand des Bergwerksregals zu erheben, blickt aus allen im 17ten Jahrhundert erlassenen Bergordnungen deutlich hervor, aber in keiner derselben findet sie sich ausdrücklich ausgesprochen. Die Bergresolution vom 20sten August 1771, welche in Folge des Bergpatentes für das Fichtelgebirge vom 1sten Januar 1769 erlassen ward, führte zum ersten mal eine offene Sprache, indem sich darin die Mineralien verzeichnet finden, welche, nach dem heutigen Begriff von Bergregalität, derselben unterworfen und welche davon ausgenommen sein sollen. Die Uebereinstimmung der gesetzlichen Vorschriften mit der Bergwerksverfassung, wie sie sich im Laufe des 17ten und 18ten Jahrhunderts unvermerkt ausgebildet hatte, ward durch die Bergordnungen von 1766 für Cleve, Mörs und die Grafschaft Mark, von 1772 für Magdeburg, Halberstadt, von 1769 für Schlesien und die Grafschaft Glatz, und später durch das Allgemeine Landrecht, in dem Preußischen Staate hergestellt, in allen anderen deutschen Ländern ist aber die Regalität, obgleich sie factisch besteht, noch durch kein Gesetz ausgesprochen.

Daß eine Uebereinstimmung hinsichtlich der Gegenstände des Bergregals in den verschiedenen Bergordnungen nicht statt findet, ist sehr erklärbar, weil die Gesetzgeber bei solchen Bestimmungen nur allein von finanziellen Rücksichten geleitet wurden, welche überhaupt bei der deutschen Bergwerksgesetzgebung von je her die vorwaltenden und leidenden gewesen und geblieben sind.

Die Resultate dieser Untersuchung lassen sich kurz in folgender Art zusammenfassen. Wie lange die Mineralien ein unbestrittenes Zubehör des Grundes und Bodens in Deutschland geblieben sind, ist nicht nachzuweisen; im 12ten Jahrhundert waren sie schon ein Gemeingut, welches nach herkömmlichem Gebrauch und nach einem Gewohnheitsrecht, welches sich im Volke entwickelt hatte, von Jedermann aufgesucht und innerhalb gewisser Gränzen erworben werden konnte. Die von dem Gewerbe an den Landesherrn zu entrichtenden, in den alten Rechten bestimmten Abgaben, waren der Gegenstand des Regals und das Bergwerksregal besteht noch jetzt, — mit Ausnahme des Preußischen Staats seit dem zweiten Drittel des vorigen Jahrhunderts, — in Deutschland gesetzlich in dem Recht der Steuererhebung und der landesherrlichen Bestätigung des unterirdischen Besitzes, wenn gleich es sich factisch, etwa seit dem Anfange des 17ten Jahrhunderts, als ein Eigenthums- und Dispositionsrecht der Regenten über die Mineralien darstellt. Die Freierklärung des Bergbaues und die Bestimmungen über die Finderrechte, aus welchen die Bergregalität abgeleitet wird, sind nicht durch die Regenten, sondern durch altes Herkommen erfolgt, und der frei erklärte Bergbau ist von je her die Form gewesen und geblieben, unter welcher der Bergbau in Deutschland ausgeübt worden ist. Die den Vasallen durch Schenkungen oder Verleihungen ertheilten Privilegien, — mit Ausnahme derer, welche durch das Haus Brandenburg und durch die Krone Preußen, seit der durch das Gesetz erfolgten Regalitätserklärung, etwa in einem andern Sinne gegeben worden sein mögten, — haben nur einen frei erklärten Bergbau, folglich die Erhebung der davon zu entrichtenden Steuern und, — im Fall es nicht ausdrücklich vorbehalten wäre, — das Bestätigungsrecht, aber keinesweges ein Ausschließungsrecht zur Gewinnung der Mineralien, zum Gegenstande, wenn der Wortlaut der Urkunden auch eine solche Deutung zulassen sollte. Urkunden, welche ausdrücklich ein Ausschließungsrecht, mit oder ohne Ueberlassung der Bergwerkssteuern, bewilligen, sind durch den Machtspruch des Lehnherrn, der bestehenden gesetzlichen Verfassung zuwider, ertheilt worden.

FSC
www.fsc.org
MIX
Papier | Fördert gute Waldnutzung
FSC® C083411

Kolibri 360 GmbH
Ferdinand-Jühlke-Straße 7
99095 Erfurt, Deutschland
produktsicherheit@kolibri360.de